JANA BAUMANN UND ANNE ROTH

Unsagbar

mosaik

JANA BAUMANN UND ANNE ROTH

UN SAG BAR

Was Vergewaltigung bedeutet und wie ich zurück ins Leben fand

mosaik

MIX
Papier | Fördert
gute Waldnutzung
FSC® C014496
FSC
www.fsc.org

Penguin Random House Verlagsgruppe FSC® N001967

1. Auflage
Originalausgabe September 2024

Redaktion: Nina Schnackenbeck
Umschlag: Sabine Kwauka
Umschlagmotiv: shutterstock/Diana Hlevnjak
Satz: Satzwerk Huber, Germering
Druck und Bindung: GGP Media GmbH, Pößneck
Printed in Germany
GS · CB
ISBN 978-3-442-39435-7

www.mosaik-verlag.de

Inhalt

Liebe Leser:innen,

dieses Buch enthält potenziell triggernde Themen und Erlebnisse. Es geht um sexualisierte Gewalt, Vergewaltigung, Missbrauch, physische und psychische Gewalt, sexuelle Belästigung, Depression.

Bitte lest dieses Buch nur, wenn ihr euch momentan dazu in der Lage fühlt.

Falls euch die oben genannten Themen betreffen oder ihr mit anderen Themen zu kämpfen habt, erhaltet ihr bei der Telefonseelsorge kostenlose, anonyme Hilfe:

0800/1110111 oder 0800/1110222

www.telefonseelsorge.de

Weitere Anlaufstellen findet ihr am Ende des Buches ab Seite 199.

Wenn wir in diesem Buch über Frauen sprechen, meinen wir alle als Frauen gelesene Personen. Wohl wissend, dass »Frau« und »weiblich sein« historisch, sozial, kulturell und biologisch entstandene Zuschreibungen sind. Uns geht es darum, welche Entwertungen mit diesen Zuschreibungen häufig verbunden sind.

Sexualisierte Gewalt ist erster Linie Machtmissbrauch. So betrifft sie Menschen umso stärker, je weniger gesellschaftliche Macht sie haben – je mehr sie sich in Abhängigkeitsverhältnissen befinden. Sie betrifft insbesondere behinderte und pflegebedürftige Frauen, obdachlose Frauen, Sexarbeiter*innen, Frauen mit Psychiatrieerfahrung, von Rassismus betroffene Frauen, queere Frauen, dicke Frauen, migrierte und geflüchtete Frauen.

Dieses Buch ist aus einer sehr privilegierten Position heraus geschrieben. Diese Position machte es uns möglich, auf einer solchen Ebene sprechen zu können. Es geht jedoch darum, all diejenigen, die nicht über diese gesellschaftliche Position verfügen, mitzudenken. Es ist auch ein Buch für all die, deren Stimme zu wenig gehört wird in der Hoffnung, dass wir das gemeinsam verändern. Im besten Fall kann dieses Buch dazu beitragen, die Bereitschaft, hinzuhören und hin zu schauen, zu erhöhen.

Vorwort

Dieses Buch ist vieles: eine Geschichte, ein Stück Heilungsprozess, ein Zeugnis von Mut und Haltung, eine Befreiung. Es lässt uns an etwas teilhaben, worüber viel spekuliert, aber wenig aus der Innenperspektive gesprochen wird: wie sich eine Vergewaltigung anfühlt. Wie es danach ist. Was es braucht, um einen eigenen Weg zu finden, damit umzugehen. Was hilft. Was den Weg erschwert. Und über all die Gefühle, Gedanken, Zweifel, Widersprüche und Suchbewegungen dazwischen. Gerade die Vielfalt der Facetten dieses einen Heilungsweges verdeutlicht, dass es trotz der Belastung, die eine Vergewaltigung bedeutet, einen Weg, weiterzuleben, geben kann – und das gut und glücklich.

Es ist mir eine große Freude gewesen, den Entstehungsprozess dieses Buches zu begleiten. Denn es ist das Zeugnis eines empowernden, selbstbestimmten Prozesses einer vergewaltigten Frau. Diejenige, die so oft zum Objekt gemacht wird – *über* die so viel gesprochen wird –, spricht selbst und wird somit zum *Subjekt.* Diese Bewegung habe ich in vielen Beratungen bei LARA – Fachstelle gegen sexualisierte Gewalt an Frauen* – bereits begleitet. Meist findet das im sicheren Rahmen der anonymen Beratung statt. Mit diesem Buch tritt eine Frau auf einer anderen Ebene heraus aus dem Schweigen. Und die Art des Heraustretens ist eine besondere – die Wahl des Mediums Buch für die Veräußerlichung der eigenen Geschichte ist das Ergebnis eines inneren Prozesses über Jahre.

Ich habe dieses Buch mit großer Hochachtung gelesen und wurde davon bewegt. Die erste Begegnung mit Jana Baumann kommt mir immer wieder in den Sinn: wie sie mit einem schiefen Lächeln und einem festen Händedruck nach einem ersten Augenkontakt sucht, wie sie beginnt zu erzählen und ich von ihrem Wohlwollen und ihrer Weite sich selbst gegenüber beeindruckt bin.

Dieses Buch ist nicht nur vieles, sondern es kann auch vieles – anderen Betroffenen von Gewalt Mut machen, eine eigene Sprache zu finden; eine Einladung sein, sich weniger einsam und mehr verstanden zu fühlen. Es kann Menschen, die nie eine solche Form von Gewalt erfahren mussten, eine Brücke für Verständigung und Respekt bauen. Es kann für alle entlastend und gleichzeitig fordernd, belastend und befreiend sein. Aber vor allem kann es ein lebendiges Nachempfinden dessen ermöglichen, was weiterhin tabuisiert wird, und somit der Tabuisierung der gewaltbetroffenen Frau entgegenwirken.

Anne Roth von LARA – Fachstelle gegen sexualisierte Gewalt an Frauen*

Einleitung

»Ich bin vergewaltigt worden.«

Es ist leichter, den Satz zu schreiben, als ihn zu sprechen. Weil es kein direktes Gegenüber gibt. Weil die Absurdität dieses Satzes, die unglaubliche Einschlagkraft, die Angst vor der Reaktion, die Scham, die ihn begleitet, nicht so spürbar sind.

Ihn auszusprechen, fällt mir immer noch schwer. Es klingt immer noch fremd. Auch nach fast zehn Jahren.

Und doch ist er ein Teil von mir geworden. Ich habe ihn sehr oft gesprochen in den letzten Jahren. Und jedes Mal war es ein unglaublicher Kraftakt.

Ich bin vergewaltigt worden.

Ich? Wo ich doch dem vermeintlichen »Opfertypus« so gar nicht zu entsprechen glaubte. Ich? Als eine Frau, die sich stark fühlt, unabhängig, selbstbewusst. Die mit dem Thema Angst bis dahin nur sehr wenig Berührung hatte.

Ja, ich. Ich bin vergewaltigt worden und versuche, meinen Weg zu finden, damit umzugehen. Und dieser Weg ist es, der mich dazu geführt hat, darüber schreiben zu wollen. Weil es ein unglaublich schwerer Weg war und ist. Weil ich auf diesem Weg so viel gelernt habe – lernen musste.

Über mich. Über diese Tat. Über die Mythen, die dieser Tat anhaften. Über ein Justizsystem, das mich sprachlos und unglaublich wütend macht. Über Strukturen, die dieser Tat nichts entgegensetzen. Darüber, was Traumatisierung bedeutet. Darüber, welche Macht Angst hat. Über gesellschaftliche Erwartungen und Urteile. Über die Massivität, mit der diese Erfahrung mein Leben verändert hat. Mich verändert hat.

Aber auch darüber, was Hilfe bedeutet und leisten kann. Was es heißt, Vertrauen, Schutz, Heilung zu erfahren. Darüber, wie wertvoll es ist, Menschen um mich zu haben, die mir all das entgegenbringen und mich unterstützen. Gefragt und ungefragt.

Darüber, wie immens wichtig es ist, sprechen zu können. Sprechen zu dürfen. Gehört zu werden. Darüber, wie stark ich bin. Oder *wieder geworden* bin.

Die Tat passierte noch vor #MeToo. Bevor es einen wahrnehmbaren gesellschaftlichen Diskurs zu dem Thema »Sexismus« und »sexualisierte Gewalt« gab. Und so froh ich über diese Bewegung bin, so wichtig ich sie finde und mich ihr verbunden fühle, so hat sie meinen Weg auch geprägt und mich persönlich auf diesem Weg verunsichert. Aber dazu später mehr.

Ich bin vergewaltigt worden und habe die Tat bisher nicht angezeigt. Und gerade weil das so ist – weil es alles nicht so einfach ist, wie es vielleicht scheint. Weil es so viele Weggabelungen gab, an denen ich Entscheidungen treffen musste. Und diese Entscheidungen so schwierig waren und sind ... Deshalb schreibe ich dieses Buch. Weil es Teil meines ganz persönlichen Prozesses ist.

Und ich hoffe, damit einen Beitrag leisten zu können. Ich hoffe, damit informieren zu können, und stelle eine – meine – Perspektive zur Verfügung. Nicht, weil sie die einzig richtige ist.

Nicht, weil ich damit eine Empfehlung aussprechen möchte. Sondern, weil ich es wichtig finde, dass wir besser verstehen, welche Empfindungen nach so einer Erfahrung auftreten können. Weil ich hoffe, dass dieses Buch Menschen, denen Ähnliches widerfährt oder schon widerfahren ist, Orientierung geben kann. Nicht um mir zu folgen, sondern um wiederum ihren eigenen, ganz persönlichen Weg zu finden.

Es gab viele sehr bewegende und wichtige Begegnungen auf diesem meinem Weg. Viele Texte, Äußerungen, Meinungen, die sehr wichtig für mich waren. Einige, weil sie mich wütend und fassungslos gemacht haben – auch das war ein Motor für dieses Buch. Und einige, die mir an benannten Weggabelungen eine Richtung aufgezeigt haben, mir Mut und Energie gegeben haben, Erlaubnis und Schutz waren.

Eine dieser Begegnungen war Carolin Emcke im Anschluss an eine Veranstaltung zu einer Lesung ihres Textes »Ja heißt ja und …«. Sie hat mir nach einer Lesung einen Satz geschrieben, der mich bis heute begleitet und leitet und für den ich ihr sehr dankbar bin.

»Glücklichsein ist auch eine Form von Widerstand.«

Die Nacht

Es ist im Arbeitskontext passiert. Ich war interne Beraterin. In dieser Funktion wurde ich bereits über viele Jahre für die unterschiedlichsten Projekte »eingekauft« von ganz verschiedenen Kund:innen.

Ich war mal wieder im Einsatz bei einem Workshop: Zwei Tage, mit verschiedenen Mitarbeitenden und Führungskräften. Die meisten kannte ich kaum, hatte sie maximal zwei- oder dreimal gesprochen und nur wenig Kontakt vorab.

Der erste Tag lief gut, ich war froh, wir sind gut ins Arbeiten gekommen. Wir arbeiteten effektiv, und ich konnte mich gewinnbringend einbringen. Es wurde mir viel Wertschätzung entgegengebracht, gerade auch von einem der Führungskräfte. Das freute mich.

Wir waren größtenteils im selben Hotel und gingen am Abend gemeinsam Tapas essen. Es war ein schöner Abend. Wir verstanden uns gut und erzählten uns, wie und wo wir leben. Informationen, die ich später bereut habe, geteilt zu haben.

Im Laufe des Abends sprach er mich an und betonte noch einmal, wie sehr er meine Arbeit schätze. Das schmeichelte mir. Es unterstrich den Wert meiner Arbeit. Dachte ich.

Nichts an der Situation erschien mir unangenehm oder bedrohlich.

Mit einigen Kolleg:innen haben wir im Hotel noch zusammen gesessen. Wir tranken noch einen Wein gemeinsam. Als die Mitarbeitenden, die mit mir noch da geblieben waren, rauchen gingen, veränderte sich die Situation. Plötzlich und für mich absolut unvermittelt.

Unbeobachtet fasste er mich an der Schulter an, streichelte sie und rückte näher. Ich stand sehr irritiert auf und sagte, ich würde auch gerne rauchen gehen. Natürlich höflich, ich wollte keinen Eklat, aber mich der Situation entziehen. Also ging ich zu den anderen nach draußen. Nach einer Weile kehrten wir gemeinsam zurück an den Tisch, wechselten noch ein paar Sätze und gingen dann alle gemeinsam zum Fahrstuhl. Den Annäherungsversuch habe ich versucht zu ignorieren.

Ich wollte einfach nur fröhlich sein. Es war ein guter Tag gewesen.

Ich habe vertraut.

Es schien so, als könnte ich das. Was habe ich übersehen?

Er lässt mich nicht.

Der Fahrstuhl hält, die Kolleg:innen steigen aus, ich musste noch eine Etage höher. Er bleibt im Fahrstuhl. Das ist der erste Moment, an den ich mich bewusst erinnern kann, in dem ich denke: *Das ist nicht gut.*

Wir steigen gemeinsam in der nächsten Etage aus. Ich möchte gehen. Und ich möchte, dass wir uns morgen gut begegnen können.

Und dann geht es sehr schnell. Er drückt mich an die Wand und versucht, mich zu küssen.

Atmen. Die Kontrolle behalten. Ich bekomme das schon in den Griff. Ja, es war vermutlich zu viel Alkohol. Aber jetzt ist der Abend vorbei. Es ist für alle gut, ins Bett zu gehen.

Ich sage: »Bitte nicht! Ich möchte das nicht.« Er redet auf mich ein. »Nur ganz kurz, wir müssen ja nix machen, können ja nur noch ein bisschen reden.« Ich sehe meine Zimmertür. Es ist das erste Zimmer auf dem Flur.

»Sie sind verheiratet und ich auch.«

»Ich denke, es ist besser, wir gehen jetzt.«

»Ich möchte das nicht.«

»Bitte nicht!«

Ich habe damit überhaupt nicht gerechnet. Es hat keine Anzeichen gegeben.

Ich habe die ganze Zeit gedacht: *Ich bekomme das in den Griff!*

Wir müssen doch morgen weiterarbeiten.

Ich versuche, ihn damit zu überzeugen.

Er drückt mich gegen die Wand. Ich sage immer wieder: »Nein, bitte nicht!«

Sequenzen der nächsten Minuten:

Wohin?

Vielleicht ist mein Zimmer ein Schutzraum?

Es war kein Schutzraum!

Das habe ich leider zu spät realisiert. Ich war mir so sicher, dass ich die Situation wieder unter Kontrolle bekomme. Das habe ich aber nicht. Er hat kontrolliert. Einfach dadurch, dass er meine Worte ignoriert hat, einfach gemacht hat. Und ich nicht wusste, wie ich mich wehren kann.

Mir fehlen Sequenzen.

Nächster Moment. Wir sind in meinem Zimmer. Nichts an diesem Ort ist mehr sicher. Ich liege auf dem Bett, er beugt sich über mich und würgt mich. Hat seine eine Hand fest um meinen Hals gelegt. Ich sage es die ganze Zeit: »Nein, bitte nicht. Bitte nicht, ich will doch nur einen guten Job machen. Bitte nicht.«

»Du willst es doch auch, du Miststück!«

Das zu hören und all meine Worte, die nicht gehört werden. Die völlige Überforderung mit dieser Situation. Angst! Was macht er da? Was passiert als Nächstes? Bringt er mich um?

Er hat die Situation entschieden. Alles darin. Ich wollte überleben.

Was macht man dann? Was schützt mein Leben?

Er erniedrigt mich. Er hat die Kontrolle. Zieht sich aus. Sagt mir, was ich tun soll.

Ignoriert mein beständiges »Bitte nicht!!!«.

Ich möchte aus dieser Situation raus. Möchte wieder Luft bekommen. Möchte einfach nur, dass er geht.

Was kann ich tun? Was lässt ihn gehen? Worum geht es hier?

Es ist pure Angst, es ist Nötigung. Es ist eine Vergewaltigung!

Und dann gibt es noch viele Fragmente. Fragmente, die ich hier nicht beschreiben möchte.

Irgendwann ist er gegangen.

Ich habe um Luft gerungen. Habe geduscht. Musste raus, atmen. Luft bekommen. Ich konnte so schlecht atmen. Es war Winter. Mein Zimmer hatte einen Balkon. Ich erinnere mich nicht daran, wie lange ich dort draußen war. Aber es war lange. Irgendwann bin ich wieder rein. Mir war schlecht. Ins Bad. Versuche, mich zu übergeben. Es geht nicht. Keine Luft. Duschen!

Was mache ich jetzt? Wie geht es weiter?

Ich wusste, dass ein guter Kollege zwei Zimmer weiter eingecheckt hatte. Was mache ich? Wohin mit mir?

Ich bin zu ihm gegangen. Habe geklopft, ihn geweckt. Er hat aufgemacht, und ich bin in sein Zimmer gelaufen. Konnte nicht sprechen. Er war sehr irritiert. »Was ist los, Jana?«

Ich konnte nicht sprechen. Er hat immer weitergefragt.

Irgendwann konnte ich sprechen, habe ihm versucht, zu sagen, was passiert ist.

Er war schockiert. Schockiert, mich so zu sehen. Schockiert über das, was ich ihm erzählte.

»Wir rufen jetzt sofort die Polizei!«

»Nein, auf gar keinen Fall. Das glaubt mir doch niemand! Das kann ich nicht. Ich verliere meinen Job!«

Nicht die Kontrolle verlieren. Nicht schon wieder! Das war für mich unvorstellbar.

Er hat sich darauf eingelassen. War hilflos, überfordert. Das war ich auch.

Aber ich habe gesprochen. Ich war nicht mehr allein.

Das war gut und wichtig, und ich bin ihm unendlich dankbar!

Dass er da war, zugehört hat. Und dass er meine Grenzen respektiert hat. Es mag viele Gründe geben, warum es richtig und schlau gewesen wäre, die Polizei zu holen.

Aber es war für mich nicht möglich. Absolut nicht möglich. Weil ich noch gar nicht in der Lage war, zuzulassen, was passiert war.

Ich habe versucht zu schlafen.

Der nächste Tag

Der Wecker klingelt. Ich habe so gut wie nicht geschlafen. Mir ist schlecht.

Eine Nachricht auf meinem Diensthandy. Seine private Nummer. Ich bekomme keine Luft. Antworte nicht.

Es ist der zweite Tag des Workshops.

Was soll ich machen? Wie soll ich mich verhalten? Ich muss diesen Tag irgendwie überstehen. Am Nachmittag kann ich nach Hause fahren.

Wir treffen uns alle in der Lobby. Da steht er. Ich versuche, wegzuschauen, Abstand zu halten. Ruhig zu atmen. Ich schaffe das. Es sind nur noch ein paar Stunden, dann kann ich nach Hause. Ich will doch nur einen guten Job machen.

Wir führen den Workshop weiter.

Ich erinnere mich nicht an die Inhalte. Einfach weitermachen. Nicht nachdenken. Bald ist es geschafft. Bald kann ich der Situation entkommen.

Der Kollege, der alles weiß, ist da und signalisiert mir, dass wir jederzeit gehen können.

Ich bringe den Tag zu Ende. Ich weiß heute nicht mehr, wie ich das gemacht habe.

Im Zug

Ich bin auf der Rückfahrt und sitze lange im Zug. Habe meine Winterjacke an. Die hat eine große Kapuze, in der ich mich verstecken kann.

Ich atme zu schnell. Panik kommt auf. Was ist mir passiert? Was wird jetzt? Was mache ich jetzt?

Ich rufe meine beste Freundin an. Sie geht ran. Wie gut!

Ich kann kaum sprechen. Weine sehr. Sie merkt sofort, dass etwas nicht stimmt.

»Kannst du mich bitte vom Bahnhof abholen?« Der Empfang ist schlecht. »Es ist etwas Schlimmes passiert. Kannst du mich bitte vom Bahnhof abholen?«

Es brauchte nicht mehr Worte. »Ja«, hat sie gesagt. »Ja, ich bin da! Wann?«

An mehr von der Zugfahrt erinnere ich mich nicht.

Am Bahnhof

Sie ist da. Wartet unten im Bahnhof auf mich. Wir setzen uns raus. Ich erzähle ihr, was passiert ist. Da ist er wieder, der Satz:

»Ich bin vergewaltigt worden.«

Das bin ich doch, oder? Ich schildere ihr die Situation. Und auch all meine Zweifel. Bin ich schuld? Was habe ich falsch gemacht? Was hätte ich ahnen können, müssen? Warum habe ich mich nicht (mehr) gewehrt? Warum hat er das getan?

Sieht man etwas? Am Hals?

»Jana, du bist vergewaltigt worden. Das ist eine Vergewaltigung.«

Wie konnte das passieren???

Und jetzt? Was mache ich jetzt?

Polizei? Nein, auf gar keinen Fall! Das kann ich nicht.

Ich muss morgen arbeiten. Habe ein zweitägiges Training. 16 Teilnehmer:innen und eine Co-Trainerin. Alle verlassen sich auf mich, ich muss das hinbekommen! Ich muss funktionieren.

Ich muss erst mal überlegen. Und das kann ich erst, wenn ich Ruhe habe. Wenn ich weiß, was ich tun kann. Ich fühle mich so hilflos.

Wir fahren noch zum Copyshop und drucken Unterlagen für mein Training am nächsten Tag. Absurd!

Aber wieder: Ich habe gesprochen. Sie hat mir zugehört und mir geglaubt. Auch sie hat mich nicht unter Druck gesetzt. War einfach da. In einem der wichtigsten Momente war meine Freundin einfach da. Und war mit mir traurig, fassungslos. Ich war nicht allein. Danke! Ich bin dafür so dankbar!

Sie bringt mich nach Hause.

Zu Hause

Endlich zu Hause! Endlich ein sicherer Ort. Mein Mann. Ankommen.

Ich habe Angst. Ich kann ihm das nicht sagen. Was passiert dann? Was macht er? Ist er sauer auf mich? Wie reagiert er? Was macht das mit uns, wenn ich es ihm sage?

Bin so kraftlos. Ich lasse mir ein Bad ein. Das hilft immer. Ich spreche nicht viel an dem Abend. Bin müde und voller Angst. Ich will mein Leben nicht verlieren. Mein Zuhause.

Ich habe das Gefühl, zu wenig Antworten auf mögliche Fragen zu haben. Ich verstehe es doch selbst nicht!

Ich recherchiere auf dem Handy: die Pille danach.

Ich gehe schlafen und habe nicht gesprochen. Wecker stellen. Ich muss morgen früh los.

Der nächste Tag

Ich stehe um sechs Uhr auf und fahre zum Hauptbahnhof. Man kann sich jetzt die Pille danach auch ohne Rezept holen. Wie gut!

Die Apotheke hat 24 Stunden geöffnet, und ich bekomme die Pille. Nehme sie und frage mich: Was ist das für eine Situation? Was mache ich hier? Was hat das mit mir und meinem Leben zu tun? Ich will das nicht! Es soll aufhören, ich will aufwachen, und alles war nur ein böser Traum. Bitte!!!

Es ist kein Traum. Und das Leben geht weiter, und ich habe keinen Plan. Also funktioniere ich einfach weiter.

Das ist im Nachhinein so verrückt. Ich *mache* einfach. Als wenn ich irgendwie programmiert sei. Wie auf Autopilot.

Aber es hilft in dem Moment. Weil eben *ich* jetzt entscheide. Und weil offenbar ein innerer Motor angesprungen ist, der schon seine wachsamen Fühler ausstreckt und die Situation um mich herum scannt. Aber eben auch entscheidet, wie das jetzt geht – aufstehen, duschen, einen Fuß vor den anderen setzen, entscheiden, zur Apotheke zu gehen, Wasser zu haben, um die Tablette einzunehmen, weiterzugehen und in die U-Bahn zu steigen …

Das Training beginnt, und ich führe es gemeinsam mit der Co-Trainerin durch. Sage, dass es mir nicht so gut gehe. Der Magen …

Ich versuche, mich zu konzentrieren. Die Arbeit lenkt mich ab. Das ist der einzige Vorteil.

Der Tag ist geschafft. Ich muss mich beeilen, habe für den Abend einen Theaterbesuch mit meinem Mann geplant. Wir wollen uns direkt am Theater treffen.

Ich steige ins Taxi und merke, dass ich das nicht kann. Ich kann mich jetzt nicht einfach neben ihn ins Theater setzen und so tun, als wäre alles in Ordnung.

Es ist gar nichts in Ordnung. Es geht mir schlecht. Mir ist schlecht.

Ich rufe ihn aus dem Taxi an und sage ihm, dass wir reden müssten, dass es wichtig sei. Er reagiert besorgt. Ich sage ihm, dass ich ihm jetzt nicht sagen könne, worum es geht. Wir reden gleich.

Ich steige aus dem Taxi, er kommt mir entgegen.

»Was ist los? Alles okay?«

»Nein, es ist überhaupt nichts okay. Ich bin vergewaltigt worden.«

»Was ist los? Was sagst du denn da?«

Und da ist es. Ein Thema, das wir beide in unserem Beziehungsprogramm niemals haben kommen sehen. Und da ist er, der Satz, der zwischen uns steht und plötzlich alles verändert.

Er wird so wütend. Obwohl er das eigentlich selten bis nie wird. Nicht auf mich. Auf den Typen.

Er ist hilflos. Läuft aufgeregt auf und ab.

»Was machen wir jetzt? Wer ist der Typ? Wo ist er? Wir müssen zur Polizei!«

Ich überrede ihn, dass wir nach Hause fahren und dort weiterreden. Sage ihm, dass wir in Ruhe überlegen müssen, was wir jetzt tun. Dass ich das auch nicht weiß. Was ich aber weiß – ich kann und will jetzt nicht zur Polizei. Das schaffe ich nicht.

Ich spreche den Namen nicht aus. Eher intuitiv. Auch hier vielleicht unterbewusst, um die Kontrolle zu behalten. Ich will nicht, dass irgendjemand irgendetwas unternimmt – in »meinem Sinne« oder gegen den Typen.

Ich will erst überlegen. Ich muss erst wieder Luft bekommen!

Aber ich habe gesprochen. Und ich erfahre wieder: Mir wird geglaubt, und ich habe jemanden an meiner Seite. Ich habe einen Gefährten. Jemanden, der mit mir und für mich kämpfen will. Nur eben auch keine Ahnung hat, wie.

Wir fahren nach Hause. Ich lasse mir ein Bad ein. Erzähle ihm mehr und berichte auch, dass ich mit meiner Freundin gesprochen habe. Er fragt, ob es okay sei, wenn er sie anrufe.

Ja, klar. Die beiden telefonieren lange. Sie recherchieren und finden zwei Adressen: die Gewaltschutzambulanz der Berliner Charité und die Beratungsstelle LARA – Fachstelle gegen sexualisierte Gewalt an Frauen*.

Zu der Gewaltschutzambulanz kann man innerhalb von 72 Stunden nach der Tat. 48 Stunden sind bereits vergangen. Wir vereinbaren, dass ich mein Training am nächsten Tag absage und wir gleich am Morgen dorthin fahren.

Ich habe noch nie ein Training abgesagt. Und es bedeutet das Gefühl, jemanden (die Kollegin) hängen zu lassen. Es bedeutet, dass die Tat eine konkrete Auswirkung hat. Aber es ist okay. Das muss jetzt sein. Das klingt vielleicht banal. Ist es aber nicht, weil es bedeutet, der Tat Raum in meinem Alltag zu geben. Es zuzulassen. Und das ist alles andere als leicht. Für mich. Weil ich doch funktionieren möchte. Weil das eben auch bedeutet, den Alltag im Griff zu haben. Zu lernen, dass sich mein Alltag verändert hat, dass die Tat sich auswirkt, das braucht Zeit und Akzeptanz.

Ich melde mich krank.

Gewaltschutzambulanz

Eine von sexualisierter Gewalt betroffene Person hat benannte 72 Stunden Zeit, sich nach der Tat bei der Gewaltschutzambulanz zu melden, dort untersucht zu werden.

Sie ruft an. Dann muss sie in die Charité. Da gibt es kein Büro, keinen abgeschotteten Raum. Erst wenn sie wirklich angekommen ist, ruft jemand von der Charité in der Gewaltschutzambulanz an. Das bedeutet: wieder sprechen, aussprechen: »Ich bin hier, weil ich vergewaltigt wurde«. Es aussprechen gegenüber den Arzthelfer:innen, damit sie bei der Gewaltschutzambulanz das Signal geben, dass ich wirklich da bin. Weil zu oft der Weg dann doch nicht gegangen wird. Erst dann kommt die Gerichtsmedizinerin. Beziehungsweise wird sie informiert, dass ich da bin.

Gewaltschutzambulanz

Die Grundidee der Gewaltschutzambulanz ist die Schaffung eines niederschwelligen Angebots für Gewaltbetroffene, um erlittene Verletzungen – auch ohne polizeiliche Anzeige – rechtsmedizinisch untersuchen und dokumentieren zu lassen. Die Untersuchung ist kostenlos.

Weitere Informationen und Kontaktdaten gibt es unter: gewaltschutzambulanz.charite.de

Warten, Stille. Angst.

Mein Mann ist bei mir. Gut!

Und doch auch so absurd. Was machen wir denn hier? Was ist bloß auf einmal los? Wo ist mein Leben hin, das doch irgendwie eben noch einigermaßen funktionierte …?

Dann kommt sie, die Gerichtsmedizinerin – ich werde in einen Untersuchungsraum geführt. Mein Mann wartet draußen. Ich habe Angst, bin sehr unsicher. Was passiert hier? Was machen die jetzt? Was muss ich tun? Was darf ich erwarten oder sogar verlangen?

Die Untersuchung beginnt. Sie ist in mehrere Teile gegliedert. Ich erfahre: Meine Aussage wird schriftlich dokumentiert werden, Bilder von den Auswirkungen der Gewalt werden gemacht. Eine gynäkologische Untersuchung wird durchgeführt.

Zunächst also: die Dokumentation meiner Aussage. Wir sind allein im Behandlungszimmer, die Gerichtsmedizinerin und ich. Gut. Ich kann mich öffnen. Es droht zunächst wahrnehmbar keine direkte Gefahr, keine Aktion. Sie nimmt erst mal nur auf. Das erklärt sie mir. Ich frage nach: »Das führt nicht automatisch zur Anzeige? Ich weiß noch nicht, ob ich das will …«

»Nein, führt es nicht.«

Okay, dann kann ich reden. Alles erzählen. Das ist so schwer. Was darf, kann, soll ich sagen? Was erzählt das Gesagte über mich?

Ich spreche. Da ist sie wieder, die Scham. Ich schäme mich, es ist mir unangenehm. So wahnsinnig unangenehm, die Details zu benennen, sie auszusprechen. Die Fragen so detailliert zu beantworten. Ich fühle mich nackt und schutzlos.

Ich habe die ganze Zeit das Gefühl, dass ich etwas falsch gemacht habe.

Versuche, alles Wichtige zu benennen. Was ist wichtig? Wichtig für wen? Was passiert mit diesen Aussagen?

Ich erzähle der Gerichtsmedizinerin, was passiert ist. Sie schreibt mit. Fragt immer wieder nach. Ich soll alles schildern, alle Details. Das fällt mir so schwer. Es ist so intim. So erniedrigend. So unangenehm. Ich merke, dass ich so unsicher bin. Ich habe so etwas noch nie gemacht.

Mir fehlen Puzzleteile der Nacht, der Tat. Warum kann ich mich nicht erinnern? Liegt das am Wein? Aber ich habe eigentlich keine Filmrisse, wenn ich Alkohol trinke. Und so viel haben wir auch wieder nicht getrunken. Warum fehlen mir so wesentliche Momente des Abends?

Und wieder so viele Irritationen in Bezug auf mich selbst, auf mein Verhalten. Was habe ich falsch gemacht? Warum ist mir das passiert? Was musste ich tun, um mich aus der Situation zu retten? Wie kann ich das erklären? Wo landen diese Aussagen?

Ärztliche Schweigepflicht. Mir kann nichts passieren. Ich versuche, mich zu beruhigen.

Es folgen die Untersuchungen. Ich lerne: Wenn man gewürgt wird, entstehen an bestimmten Stellen am Körper, an denen die Haut sehr dünn ist, kleine rote Punkte. Am Augenlid. Hinter den Ohren.

Er hat mich gewürgt. Daraus resultieren sichtbare Merkmale. Selbst 70 Stunden später. Kleine rote Punkte an genau diesen Stellen.

Dieser Befund verunsichert mich und gibt mir Sicherheit im selben Moment. Es gibt Zeichen – ich habe mir das nicht eingebildet. Er hat das getan! Und doch bin ich noch sehr weit weg davon, es zu begreifen und zu glauben, geschweige denn verstehen zu können. Ich verstehe gar nichts. Stehe immer noch komplett neben mir.

Es werden Fotos gemacht.

Dann folgt die gynäkologische Untersuchung. Hier erhalte ich den ersten juristisch erschütternden Hinweis: Es ist unwahrscheinlich, noch genetische Spuren zu finden. Ich habe sehr oft geduscht und gebadet. Und selbst wenn man diese Spuren finden würde – sie würden nichts über die »Einvernehmlichkeit« aussagen.

Einvernehmlichkeit??? Einvernehmlich wobei? Dabei, dass ich bedroht und gewürgt wurde? Einvernehmlich dabei, dass ich unendliche Angst hatte???

Aha. Da begegnet es mir zum ersten Mal offiziell: Es kann sein, dass mir nicht geglaubt wird. Es wird versucht werden zu behaupten, ich hätte es gewollt.

Diese juristischen Anforderungen an Beweise nehmen mir bis heute den Atem. Symptome dieser Nacht: keine Luft bekommen.

Es fällt mir schwer, zu beschreiben, wie verletzend das ist und wie sehr solche juristischen Aussagen verunsichern. Also Aussagen, die irgendwie darauf hinweisen, dass es hier Zweifel geben könnte. Zweifel an meiner Aussage. Zweifel, dass das wirklich passiert ist. Zweifel, ob das juristische Folgen für ihn haben wird.

Ich habe mit dieser Erfahrung den Glauben an ein System verloren. Ein System, dem ich irgendwie und warum auch immer getraut hatte.

Ich fühle mich als »Opfer« einer Gewalttat – einer Vergewaltigung –, in diesem System nicht gesehen und nicht geschützt. Und ich musste im Laufe der Zeit noch so viel mehr lernen, was mich verunsichert und mein Misstrauen in das System massiv verstärkt hat.

Die Fakten und Gedanken dazu werde ich später noch ausführen, denn sie sind ein sehr großer Teil einer Unsicherheit, einer Wut und Hilflosigkeit, die mir bis heute sehr zu schaffen macht!

Die Untersuchung dauert einige Zeit und ist unglaublich anstrengend und anspruchsvoll. Weil ich diese Situation nicht kenne. Weil ich nicht weiß, was dieser Schritt bringt. Aber ich weiß, dass es sehr wichtig ist, ihn zu machen. Diese Möglichkeit zu nutzen. Völlig losgelöst davon, was die nächsten Schritte sein werden.

Und natürlich ist es auch Teil unseres Systems, dass es diese Möglichkeiten, diese Anlauf- und Unterstützungsstellen für Betroffene von sexualisierter Gewalt gibt. Das ist gut. Sie sind bestimmt noch nicht fertiggedacht, noch nicht ausreichend an den Interessen derjenigen orientiert, denen sie nutzen sollen. Und sie stehen leider auch finanziell unter sehr großem Druck und erfahren zu wenig Aufmerksamkeit und Unterstützung.

Nachklapp

Im Vorfeld zu diesem Buch habe ich mit meiner Therapeutin besprochen, dass ich gerne Zugriff auf meine Aussage bei der Gewaltschutzambulanz von damals hätte. Dass es mir helfen würde, nachzuvollziehen, zu welcher Aussage ich damals fähig war und wie ich die Tat so kurz danach beschrieben habe, um diese Eindrücke für das Buch zu nutzen.

Es war eine längere Prozedur. Ich hatte ganz klar in meinem Kopf abgespeichert, dass das genetische Material für ein Jahr aufbewahrt und dann vernichtet würde, wenn ich bis dahin keine Anzeige erstattet hätte und die Auswertung des Materials durch die Kripo beauftragt worden sei. Dass jedoch meine Aussage und die Fotos zehn Jahre aufbewahrt werden würden. Mir war auch klar, dass ich auf diese Unterlagen nicht einfach Zugriff haben würde. Meine Therapeutin bekam aber zunächst die Info, dass ich die Unterlagen erhalten könne, wenn das für die Therapie sinnvoll sei. Da ich dieses Buch durchaus als Teil der Therapie verstehe, hatte ich gehofft, dass wir gemeinsam darauf schauen könnten. Die Information stellte sich als falsch heraus.

Vertrauliche Spurensicherung in der Gewaltschutzambulanz

Wenn eine gewaltbetroffene Person vorerst keine Anzeige bei der Polizei machen möchte, können die (genetischen) Spuren sowie die fotografische Dokumentation der Gewaltfolgen für ein Jahr vertraulich und rechtssicher verwahrt werden. So kann die gewaltbetroffene Person sich zum Beispiel erst einmal um ihre Gesundheit und die Verarbeitung der Gewalt kümmern und hat dennoch die Möglichkeit, mit den zeitnah dokumentierten Beweisen später eine Anzeige zu erstatten. Im Falle der Entscheidung für eine Anzeige werden die Spuren und die Dokumentation direkt von der Gewaltschutzambulanz an die Polizei übermittelt. Dies ist jedoch nur möglich, wenn sich die

Betroffene an das Gewaltgeschehen erinnern kann, sodass die Aussage und die medizinischen Befunde übereinstimmen. Falls sich die betroffene Person nicht an die Tat erinnern kann, ist nur über eine direkte Anzeige bei der Polizei eine Spurensicherung bei der Gewaltschutzambulanz möglich.

Die Betroffene kann ihre Aussagen beziehungsweise die Dokumentation in jedem Fall später *nicht wieder einsehen.* Das Material geht entweder direkt an die Polizei, wenn es zu einer Anzeige kommt, oder wird nach einem Jahr entsorgt. Die Dokumentation wird für zehn Jahre aufbewahrt.

Laufen lernen

Es sind jeden Tag neue Schritte, die ich mache, machen muss, machen möchte. Mit einem klaren Ziel: Dieses Erlebnis, die Vergewaltigung, der Typ sollen mich, mein Leben, so wenig wie möglich nachhaltig kaputt machen. Ich muss, ich möchte mich schützen. Möchte alles versuchen, um die Auswirkungen gering zu halten.

Ich möchte mein Leben zurück!

Also gut überlegen. Nachdenken, Jana. Was sind jetzt die richtigen Schritte?

Und ich merke, es ist ein neues Besinnen auf meine Intuition. Wenn alles »normal« verläuft, dann läuft man einfach. Der Weg ist ungefähr bekannt und berechenbar.

Jetzt ist es anders. Ich habe keine Erfahrung mit dieser Situation. Ich weiß nicht, was richtig, was falsch, was sinnvoll, was notwendig ist. Für mich. Und für all das, was in meinem Leben eine Rolle spielt. Weil diese Erfahrung plötzlich auf alles einen Einfluss zu haben scheint.

Also einen Schritt nach dem anderen. Laufen lernen mit diesem »unsichtbaren Elefanten im Raum«, der plötzlich in meinem Leben ist. Mich begleitet. Es ist das Bild, was dieses Erlebnis für mich am besten beschreibt – aus vielen Gründen. Es soll jedoch auf keinen Fall die Wunderbarkeit von Elefanten angreifen. Er symbolisiert für mich nicht die Tat.

Er symbolisiert die Erfahrung als neuen Begleiter. Er ist da. Ist schwer. Er ist riesig, und ich kenne das Leben mit einem Elefanten neben mir nicht.

Ich muss mich um ihn kümmern. Er ist nicht für alle sofort erkennbar, sichtbar. Aber ich muss und möchte ihn vorstellen, mein Umfeld muss wissen, dass ich jetzt mit einem Elefanten unterwegs bin.

Er braucht Aufmerksamkeit. Er fordert Raum. Er macht mich langsam, vorsichtig. Er fordert Auseinandersetzung mit meinem Leben. Wie bringe ich ihn darin unter?

Die ersten Schritte sind gemacht. Die ersten Gespräche überstanden. Mein Kollege, meine Freundin, mein Mann wissen Bescheid, und wir waren bei der Gewaltschutzambulanz. Ich rufe noch am selben Tag bei der Beratungsstelle LARA an. Ein Termin für wenige Tage später ist vereinbart.

LARA – Fachstelle gegen sexualisierte Gewalt an Frauen* in Berlin

Bei LARA können Frauen, die von sexualisierter Gewalt betroffen sind, kostenfrei und anonym Beratungen in Anspruch nehmen. Jeder Beratungsprozess orientiert sich an der jeweiligen Situation und den Bedürfnissen der Ratsuchenden.

Da jeder Mensch unterschiedlich auf Gewalterfahrungen reagiert und diese verschieden verarbeitet, gibt es kein allgemeingültiges Rezept für die Unterstützung nach sexualisierter Gewalt. Denn gerade nach der Erfahrung eines Kontrollverlustes ist es wichtig, dass die Betroffene die Kontrolle über das Vorgehen hat und ihren je eigenen Weg finden kann. Das Ziel der Beratungen bei LARA ist daher, einen Raum zu schaffen, in dem diese Suche nach den eigenen Wünschen, Bedürfnissen, den jeweiligen nächsten Schritten stattfinden kann. Es wird versucht, das Geschehene zu bezeugen, den Betroffenen parteilich zur Seite zu stehen, ihnen Hilfsangebote zu machen und Möglichkeiten zu eröffnen. Die Entscheidung, welche der Elemente der Beratung eine Ratsuchende annehmen möchte, liegt bei ihr.

Die Beratungsprozesse sind so verschieden wie die Menschen, die sie in Anspruch nehmen. In manchen Beratungen geht es um akute Krisenbewältigung und um die Vermittlung von Wissen zu möglichen psychischen Gewaltfolgen. In anderen Beratungen stehen Schuld- und Schamgefühle, die Auseinandersetzung mit der auf eine Anzeige drängenden Beziehungsperson oder die Frage nach den nächsten rechtlichen Schritten im Vordergrund. Wieder andere Beratungen drehen sich vor allem um den Umgang mit zunehmenden Ängsten und Konzentrationsstörungen, Ess- und Schlafproblemen, um das Verstehen des Vertrauensverlusts, die möglichen Belastungen durch die Vernehmung oder um Gegenentwürfe zu einer zunehmenden sozialen Isolation.

Wenn nach der Beratungsreihe weiterer Bedarf nach Unterstützung besteht, wird zu entsprechenden Stellen vermittelt oder bei der Therapeut:innensuche unterstützt.

Das gibt mir Sicherheit für das bevorstehende Wochenende. Weil ich auch die Information erhalten habe, dass LARA mit

Anwält:innen kooperiert und diese kostenlos beraten. Kontakt zu einer Anwältin ist mir absolut wichtig, um weitere Schritte zu planen und zu überlegen, was ich tun kann. Das stellt sich als eine sehr wichtige und gute Entscheidung heraus.

Als ich dann mein erstes Gespräch bei LARA habe, erfahre ich, dass es okay ist, dass ich mich fühle, wie ich mich fühle. Dass jedes Gefühl, das eine Person nach so einer Erfahrung hat, in Ordnung ist. Ich kann wieder sprechen und erlebe erneut, dass man mir glaubt. Mehr noch: Ich erfahre schon in der ersten Beratung, dass es nicht vorrangig darum geht zu überlegen, was mit dem mutmaßlichen »Täter«* ist und wie ein Vorgehen gegen ihn aussehen könnte.

Sondern, dass es erst einmal darum geht, dass ICH Stabilität bekomme.

Wir konzentrieren uns darauf, zu schauen, was meine Ängste sind und wie ich diesen begegnen kann.

Wir sorgen für mich und meinen neuen großen Begleiter.

Denn sosehr wir auch glauben (wollen), dass es doch ganz klar sei, dass es nur einen Weg gebe – zur Polizei, Anzeige erstatten –, so wenig hat dieser Glaube mit meiner Verfassung zu tun. Weil ich mich gar nicht in der Lage sehe, solche grundlegenden und für die kommenden Jahre bestimmenden Entscheidungen zu treffen. Weil ich Angst davor habe, was diese Schritte für Auswirkungen haben könnten. Weil ich Angst davor habe, was das für mich privat, beruflich, persönlich bedeutet. Weil ich Angst vor dem »Täter« habe. Weil ich noch nie jemanden angezeigt

* *Wenn ich hier von »Täter« spreche, so ist das mein subjektives Empfinden. Rein juristisch gilt die Unschuldsvermutung (bis zum Beweis des Gegenteils und die Schuld rechtskräftig nachgewiesen ist) und das zeigt sich auch an den juristischen Begrifflichkeiten. Ein »Verurteilter« (Täter) darf also erst dann so benannt werden, wenn auch ein Urteil gegen ihn verhängt wurde.*

habe und das ganze juristische System nicht kenne. Weil mein Vertrauen in die Welt massiv gestört ist. Weil ich selbst noch gar nicht verstanden habe, was eigentlich passiert ist, und noch immer viel zu sehr damit beschäftigt bin, mich zu fragen, was ich falsch gemacht habe, wie ich die Tat hätte verhindern können, was mein Anteil daran ist.

Auf viele dieser Fragen habe ich bis heute keine Antwort. Und viele dieser Ängste sind auch heute noch sehr spürbar.

Und diese Fragen und Ängste bekommen bei LARA einen Raum. Sie dürfen sein und erfahren keine Verurteilung und provozieren keine Handlungen.

Der Fokus liegt darauf, zuallererst zu schauen, wie ich den nächsten Tag, die nächste Woche überstehen und gestalten kann, um das Gefühl einer inneren Sicherheit aufzubauen.

Und ich bekomme gleich den Hinweis, dass das ein Prozess ist, der dauern kann. Man macht mir das Angebot, dass LARA mich begleiten könne. Mir zur Seite stehen könne. So gut! Weil es nicht nur eine unabhängige Organisation ist, die mir außerhalb meines eigenen Lebenskontextes zur Verfügung steht, sondern weil ihre Mitarbeiterinnen erfahren sind mit solchen Situationen, und das gibt mir ganz viel Sicherheit und Halt.

Ich arbeite mit meiner Beraterin Anne Roth bei LARA über zwölf Monate zusammen. In der ersten Zeit einmal die Woche, dann zunehmend punktuell. Ich lerne dank dieser Organisation unglaublich viel – nicht nur an Werkzeugen für meinen Alltag, es ist für mich ein geschützter Raum, in dem ich meine Ängste und Sorgen ansprechen kann.

Ich erhalte ein Stück weit die »Erlaubnis«, dass es nicht nur in Ordnung, sondern wichtig ist, dass ich meinen eigenen Weg finde. Dass ich das Tempo, die Richtung, das Ziel selbst gestalten und jederzeit ändern darf. Ich habe das Gefühl, einen Ort gefunden zu haben, an dem man mich und meine Situation verstehen und professionell bewerten und sortieren kann. Ohne Urteil, ohne Druck. Mit beständigem Blick auf mich und meine ganz persönlichen Bedürfnisse und den Umgang mit meinem Elefanten.

Durch LARA habe ich verstanden, dass die Bilder, die wir von Vergewaltigungen haben, maßgeblich geprägt sind durch Vergewaltigungsmythen, die beständig reproduziert werden. In Filmen, in Büchern, durch das, was wir von klein auf als Mädchen und Frauen lernen, wovor wir uns zu schützen hätten.

Dass die Realität, oder sagen wir, die Zahlen, Daten und Fakten aber eine ganz andere Geschichte erzählen, hat mich viel lernen und verstehen lassen. Hat mich aufgewühlt und aufgerüttelt.

Vergewaltigungsmythen

Der sozialpsychologische Begriff »Vergewaltigungsmythen« bezeichnet gesellschaftlich wirksame, faktisch falsche Vorurteile über die Umstände sexualisierter Gewalt, die Betroffenen eine Mitschuld geben und die Täter:innen entlasten. Das Hauptmotiv sexualisierter Gewalt, Macht auszuüben und zu demütigen, wird durch diese Vorurteile verdeckt. So kommt es vielfach zu einer Täter-Opfer-Umkehr: Die Übergriffe werden bagatellisiert, und den gewaltbetroffenen Personen wird die Schuld zugewiesen.

Viele Betroffene sind durch die Mythen verunsichert, zweifeln an ihrer Wahrnehmung und fragen sich, ob sie etwas zu dem Übergriff beigetragen haben könnten. Sie suchen die Schuld bei sich und erzählen aus Angst, dass ihnen nicht ge glaubt wird, nichts von der Gewalt. So erhöhen die Mythen die Schwelle, übergriffiges Verhalten öffentlich zu machen oder anzuzeigen.

Vergewaltigungsmythen sind sowohl in der Allgemeinbevölkerung als auch unter Fachkräften aus den Bereichen der Polizei, Justiz und Medizin weit verbreitet.

Beispiele für Vergewaltigungsmythen sind:

Mythos: Frauen provozieren eine Vergewaltigung durch ihr Verhalten und ihr Aussehen, ihre Kleidung.

Fakt ist: Frauen werden unabhängig von ihrem Alter, Aussehen, Verhalten und ihrer Bekleidung Betroffene von sexualisierter Gewalt. Es gibt kein Verhalten, das eine Vergewaltigung rechtfertigen könnte, und kein Verhalten, das eine Vergewaltigung ausschließt.

Mythos: Frauen und Mädchen können nicht gegen ihren Willen vergewaltigt werden, wenn sie sich mit allen Mitteln wehren.

Fakt ist: Eine Vergewaltigung erfolgt immer gegen den Willen einer Frau und wird meist als lebensgefährliche Bedrohung erlebt. Dies kann zu einem Schockzustand mit Todesangst führen, der körperliche Gegenwehr unmöglich macht.

Mythos: Vergewaltigungen geschehen nachts auf der Straße oder im dunklen Park durch Fremde.

Fakt ist: Vergewaltigungen werden zu jeder Tages- und Nachtzeit verübt. Am häufigsten an privaten, vermeintlich sicheren Orten durch Bekannte, Verwandte, Freunde, Kollegen oder den (Ex-)Partner.

Mythos: Vergewaltiger sind kranke, gestörte Triebtäter, die Taten sind sexuell motiviert.

Fakt ist: Vergewaltiger weisen zu über 90 Prozent keine psychopathologischen Auffälligkeiten auf. Es gibt keine wissenschaftliche Grundlage dafür, dass ein Mann seinen Sexualtrieb nicht kontrollieren kann.

Vergewaltigungen sind in erster Linie Gewalttaten, die dazu dienen, Frauen* zu erniedrigen und Macht über sie auszuüben.

Generell lässt sich feststellen, dass Gewalt vor allem diejenigen betrifft, die weniger gesellschaftliche Macht besitzen. Die gewaltausübenden Personen entwickeln ihnen gegenüber eher das Gefühl, ungestraft Gewalt ausüben zu können. Der Machtunterschied zwischen den sozialen Geschlechtern und die damit verbundene sexualisierte Gewalt sind hierbei nur ein Beispiel. So sind Menschen, die von anderen Diskriminierungskategorien betroffen sind oder aufgrund ihres Alters weniger soziale Macht besitzen, deutlich häufiger von Gewalt – auch von sexualisierter Gewalt – betroffen … (z. B. Kinder, ältere/pflegebedürftige/beeinträchtigte Menschen, Menschen, die von Armut oder Rassismus betroffen sind, Menschen mit einem geringeren Bildungsgrad, homosexuelle, bisexuelle und Trans* Menschen) (vgl. LesMigraS 2012).

Warum sprechen wir nicht darüber? Warum wissen wir in der Gesellschaft so wenig davon? Warum sprechen wir nicht schon mit Kindern, Jugendlichen (in angemessener Form) über genau diese Mythen und hören auf, uns etwas vorzumachen? Warum werden diese Fakten so konsequent ignoriert, obwohl sehr viele engagierte Organisationen seit Jahren darauf hinweisen?

Tabu »sexualisierte Gewalt«

Dass sexualisierte Gewalt auch 40 Jahre nach dem feministischen Aufbegehren der 80er-Jahre und #MeeToo noch ein Tabu ist, hat vielfältige soziopsychologische Ursachen. An dieser Stelle soll kurz auf zwei von ihnen eingegangen werden: Der *belief in a just world* und das *real rape stereotype*. Beide Phänomene tragen dazu bei, dass Betroffene sexualisierter Gewalt Hemmungen haben, über ihre Erfahrungen zu sprechen – weil sie selbst sich nicht mit »den Frauen« assoziieren, denen »so etwas« passiert; weil sie Angst vor der Zuschreibung von Mitschuld und der Konfrontation mit Unglaube haben, die nach einer Gewalterfahrung die psychischen Gewaltfolgen noch verstärken können (sekundäre Viktimisierung).[1] Da die meisten Betroffenen schweigen, erscheint das Thema als eine gesellschaftliche Randerscheinung und nicht als das alltägliche Geschehen, das es tatsächlich ist.

Der *belief in a just world* umschreibt die (meist unbewusste) Überzeugung, dass Menschen normalerweise das bekommen, was sie verdienen; dass also die Welt im Grunde nach fairen Prinzipien funktioniert. Bezogen auf sexualisierte Gewalt, führt das zu der klassischen Unterteilung in »gute/vernünftige« und »schlechte/leichtsinnige« Frauen und legt nahe, dass Betroffene sexualisierter Gewalt etwas dazu beigetragen haben, dass ihnen diese Form von Gewalt passiert ist. So wird in den meisten Vernehmungen gefragt, ob die Betroffene vor der Vergewaltigung mit dem »Täter« geflirtet habe, ob sie betrunken gewesen sei; auch, welche Kleidung sie getragen habe. All diese Fragen tragen nichts zur Aufnahme des Tatbestandes der Vergewaltigung bei, sondern erörtern vor allem die vermeintliche Mitschuld der betroffenen Person. Bei einem Raub wird beispielsweise nicht gefragt, welche Kleidung die ausgeraubte Person getragen hat.

Ebenso dient der *belief in a just world* der Angstvermeidung. Wenn nur solchen Frauen etwas passiert, die nicht vorsichtig genug sind, dann können alle anderen sich davor schützen, indem sie sich »richtig« verhalten. Dadurch wird die Angst vieler Frauen, selbst davon betroffen zu werden, abgewehrt. Aufgrund der daraus folgenden Angstfreiheit kann es zur Abwertung und/oder der Zuschreibung von bestimmten Verhaltensweisen oder Merkmalen an die betroffenen Frauen kommen. Zugleich haben auch Betroffene dieses Bild der mitschuldigen Frau internalisiert und schreiben sich oft selbst Schuld zu, wodurch die Scham und die Hemmung, über die Grenzverletzung zu sprechen, noch wächst.

Das verbreitetste Stereotyp über Vergewaltigung ist das *real rape stereotype*, das besagt, dass eine »richtige Vergewaltigung« nur von einem Fremden außerhalb der Wohnung der Betroffenen mit überfallartigen Mitteln und unter heftiger körperlicher Abwehr begangen wird. Diese weit verbreitete Annahme ist durch verschiedene Studien und Umfragen widerlegt worden. Die meisten Betroffenen kennen ihre Vergewaltiger, die aus dem Bekanntenkreis stammen oder deren Partner oder Ex-Partner sind (vgl. Krahé, Temkin 2008: 12). Die Wirkmächtigkeit dieses Stereotyps wird insbesondere in Studien mit (angehenden) Rechtsanwält:innen und Richter:innen deutlich, in denen Fallbeispiele mit demselben Tatbestand einer Vergewaltigung mit unterschiedlich starken Abweichungen von dem *real rape stereotype* vorgelegt wurden. Je mehr Elemente des Fall beispiels nicht dem Stereotyp entsprochen haben – wenn beispielsweise die betroffene Person vorher Alkohol getrunken hat, die gewaltausübende Person vorher kannte oder freiwillig mit ihr nach Hause gegangen ist –, desto geringer wurde das angemessene Strafmaß eingeschätzt – obwohl die Straftat exakt dieselbe war (vgl. Krahé, Temkin 2008: 31 ff.).

Diese Annahmen, Fragen und Mythen, die unser Denken prägen, beschäftigen mich immer mehr und immer tiefgreifender und stellen mich vor immer größere Fragen. Und ich bin sehr dankbar dafür. Denn hier wird die Idee dieses Buches geboren. Hier denke ich: Wir *müssen* darüber sprechen, schreiben, hören, lesen und etwas daraus lernen!

Selbstbestimmt weiter

Der Elefant, mit dem ich ab jetzt unterwegs bin, betrifft zunächst mein privates und mein direktes berufliches Umfeld und Handeln.

Mein Job ist es, zu reisen, in Hotels zu übernachten, auf Veranstaltungen zu sein. Wie geht das jetzt?

Ich will weiterarbeiten. Das gibt mir Halt. Das bedeutet eine Rückkehr zur Normalität. Dort bin ich in meiner Kraft. Aber ich brauche Schutz.

Was ich ganz deutlich spüre – und das meine ich mit Intuition: Ich muss dieses Thema, muss mich, muss den Elefanten schützen. ICH möchte die Kontrolle haben, was passiert. ICH möchte entscheiden, wer wann was von meiner Geschichte erfährt.

Diese Kontrolle hat etwas mit Selbstbestimmung zu tun. Und da mir genau diese in der Nacht genommen wurde, ist es umso wichtiger, sie jetzt zurückzuerhalten.

Laufen lernen mit diesem Elefanten bedeutet, Gespräche zu führen. Zunächst vor allem mit den Menschen, die mir in meinem Alltag begegnen und die mir wichtig sind.

Ich bin verändert, und das merken ja alle. Ich bin traurig, ängstlich. Ich bin massiv verunsichert und sorgenvoll. Es ist nicht nur ein Elefant, es ist ein Orkan, der in mein Leben gekommen ist, der alles durcheinanderwirbelt.

Telefonate mit meinen Eltern, mit Freund:innen bedeuten zwangsläufig, dass ich gefragt werde, wie es mir geht. Wie lange würde es mir gelingen, den Elefanten zu verheimlichen? Wo er doch mein Leben gerade so bestimmt.

Und ich möchte diese Menschen auch nicht anlügen. Aber wie erzählt man so etwas? Am Telefon? Was löst es aus?

Und habe ich die Kraft dazu? Denn es bedeutet jedes Mal auch meine erneute Konfrontation mit der Nacht. Es bedeutet, dem Thema immer mehr Raum zu geben.

Aber ohne das Sprechen funktioniert es für mich nicht. Weil er ja eben da ist, der Elefant, der Orkan. Und wie das so ist mit einem Elefanten im Raum: Es ist besser, ihn anzusprechen, als ihn zu ignorieren.

Mein Geburtstag steht an. Das bedeutet eine Gelegenheit, meine Familie, meinen Mann, meine Freundin an einen Ort zu bringen. Ich suche einen Raum, an dem wir Ruhe dafür haben: eine Ferienwohnung an einem »neutralen« Ort. Wir treffen uns dort und reden. Ich kann sprechen und alle anderen auch.

Hilflosigkeit. Traurigkeit. Fassungslosigkeit. Angst. Wut. Der Wunsch, es kleinzumachen. Aushalten. Zulassen.

Aber auch Nähe und Schutz. Ich habe diese Menschen um mich, und sie sind für mich da. Sie hören zu und signalisieren jede Form von Unterstützung. Und auch die Ohnmacht spüren wir alle.

Aber es ist ausgesprochen. Wir alle müssen den Satz nun tragen: »Ich bin vergewaltigt worden.«

Den Satz wünschen sich Eltern nicht zu hören und Kinder nicht zu sagen.

Auch hier gilt für alle, die Schuld nicht bei sich zu suchen und trotzdem die Aufmerksamkeit nicht dem »Täter« zu geben.

Auch hier sind wir es, die gerade aktiv etwas **füreinander** tun können.

Die Frage, was es für juristische Wege gäbe beziehungsweise welcher Umgang mit dem »Täter« für mich möglich wäre, vertagen wir. Da sind wir uns schnell einig. Weil Entscheidungen gerade alle überfordern. Alle haben ihre Erfahrungen, ihre Perspektive und Geschichte, mit der sie auf die Situation schauen. Und das zeigt: Es gibt kein Richtig oder Falsch im Handeln oder Nichthandeln.

Es geht erst mal darum, zuzuhören. Es zu realisieren.

Ob wir das zu dem Zeitpunkt alle überhaupt schon können, wage ich zu bezweifeln.

Aber was ich weiß: Es ist wichtig, dass wir beieinander sind. Es ist wichtig, dass ich auch dort keinen Druck erfahre. Natürlich höre ich die Stimmen. Natürlich auch die Bedürfnisse, die dahinterliegen. Sie alle haben eine Berechtigung und haben nicht das Ziel, mich zu beeinflussen.

Aber natürlich tun sie das. Natürlich finde ich mich auch in einer Situation wieder, in der ich versuche, den vielen impliziten und expliziten Erwartungen gerecht zu werden. Merke, dass mein Handeln (oder Nichthandeln) sich auch auf mein Umfeld auswirkt.

Das glaubt mir niemand

Noch in *der* Nacht war ein Gefühl sofort da und hat mein Handeln seitdem beeinflusst: »Das glaubt mir doch niemand!«

Warum war ich mir dessen so sicher? So sicher, dass diese Überzeugung verhindert hat, den Rat anzunehmen, direkt die Polizei zu rufen? Das Gefühl saß so tief, dass mir das Sprechen in der Öffentlichkeit sehr lange Zeit unmöglich erschien.

Woher kommt das? Warum habe ich mich sofort schuldig gefühlt? Mich gefragt, was ICH falsch gemacht habe?

Ich habe keine Erfahrung mit Verbrechen. Weder aktiv noch passiv. Und mir widerfährt Gewalt, und ich suche die Schuld, den Fehler, den Anstoß dafür bei mir? In meinem Handeln?

Warum?

Weil es ein Bild davon gibt, wie sich »Frau« zu verhalten hat. Weil ich diesem Bild möglicherweise an dem Abend nicht ganz entsprochen habe. Habe ich mich falsch verhalten, weil ich Alkohol getrunken habe? Weil ich nicht als Erste ins Bett gegangen bin? Weil ich fröhlich war? Weil ich eine Meinung hatte, die ich geäußert habe? Weil ich im Arbeitskontext selbstbewusst agiere? Weil das nicht gewollt ist in meiner Rolle als Beraterin? Weil das eventuell provoziert?

Es gab Momente, in denen ich gemerkt habe, dass mein Hinterfragen ihn irritiert hat. Vielleicht hat er sich durch meine Sicherheit verunsichert gefühlt. Oder konstruiere ich das jetzt?

Ja, manchmal habe ich seine Unsicherheit gespürt. Ich habe das nicht auf mich bezogen.

Und unabhängig von meinem Fall – es gibt dieses Bild, diese Geschichten und Beispiele. Weil es irgendwie automatisch mitschwingt: dass Frauen so etwas erfinden. Dass sie solche Taten behaupten, um … Ja, warum bitte sollte eine Frau so etwas tun? Und warum hält sich dieses Bild so massiv? Warum habe ich sofort das Gefühl, mich rechtfertigen zu müssen?

Vermeintliche Falschaussagen

Eine der am weitesten verbreiteten und hartnäckigsten Vergewaltigungsmythen bezieht sich auf die Glaubwürdigkeit von Betroffenen sexualisierter Gewalt. Immer wieder werden sie medial als Falschaussagende und Lügnerinnen dargestellt. Zudem wird das Unrecht, das den von Falschaussagen betroffenen Personen widerfährt, von Vertreter:innen der Aussagenpsychologie in erfolgreichen populärwissenschaftlichen Büchern angeprangert und neben das Leid der Betroffenen sexualisierter Gewalt gestellt (vgl. Steller, 2015; Shaw, 2016).

Das unbestritten leidvolle Erleben einer falschen Beschuldigung oder gar die Falschverurteilung sind definitiv schlimme Erfahrungen. Unabhängig davon, dass das Thema »Falschverurteilungen« durch die deutsche Justiz besonders im Zusammenhang mit Sexualdelikten so eindringlich thematisiert wird, obwohl sie in allen Rechtsbereichen vorkommen, sind Verleumdung und Vergewaltigung jedoch sehr unterschiedliche Erlebnisse. Die ausführliche Darstellung bestimmter Einzelfälle in populären Medien hat den Effekt, dass seltene Phänomene vom Publikum als »typische Fälle« wahrgenommen werden.

Fakt ist, dass verschiedene europaweite Studien ermittelt haben, dass die Falschaussagequote bei sexualisierter Gewalt um drei Prozent liegt (vgl. Seith, Lovett, Kelly 2009: 57; Krahé, Temkin 2008:17).

Hier folgt eine kurze Rechnung zur Veranschaulichung des Problems der medial bedingten Wahrnehmungsverschiebung:

Nach Angaben des BFF Bundesverband Frauenberatungsstellen und Frauennotrufe (2016) gibt es jährlich ca. 8000 angezeigte Vergewaltigungen. Der Anteil der Frauen, die eine erlebte Vergewaltigung anzeigen, bewegt sich um zehn Prozent (vgl. Schröttle 2004: 159). Somit sind es mit Dunkelfeld schätzungsweise 80 000 Vergewaltigungen im Jahr in Deutschland. Bei einer Verurteilungsquote für angezeigte Vergewaltigungen von 8,4 Prozent (vgl. Bundesamt für Justiz 2006, Presseerklärung kfN/Pfeiffer 2014) und einer Falschbeschuldigungsquote von circa drei Prozent sind es also grob geschätzt maximal 20 falsch verurteilte Männer im Jahr, die häufig als gleichwertige »Opfergruppe« gegenüber 80 000 vergewaltigten Frauen dargestellt werden.

Wie ist das bei Überfällen, Einbrüchen? Da unterstellt einem doch auch nicht gleich jemand, dass man das erfunden habe. Warum also liegt dieser Reflex nach meinem Erleben so nahe: *Das glaubt mir niemand?*

Mit »niemand« ist in dem Fall nicht mein privates Umfeld gemeint, nicht Menschen, die mich kennen. Sondern all diejenigen, die damit beauftragt sind, eine neutrale Position zu beziehen. Die als offizielle Ansprechpersonen eine Funktion innehaben. Und ja, auch die Gesellschaft. Auf die Gesellschaft komme ich später noch zu sprechen.

Ich habe sofort das Gefühl, dass ich mich werde rechtfertigen müssen. Dass ich Beweise brauche, die ich nicht habe. Dass es doch vielleicht »normal« ist, dass er dachte, dass er das jetzt wollen dürfe. Und ich? Habe ich ihn womöglich dazu ermuntert? Weil ich mich wie genau verhalten habe? Habe ich mich nicht genug gewehrt? Aber was hätte ich tun sollen? Es klingt so einfach: sich wehren.

Ich hatte Angst. So viel Angst. Vor dem, was er bereit war zu tun, um zu bekommen, was er wollte. Und zu verlieren, was ich mir aufgebaut habe.

Sich zu wehren, bedeutet vielleicht auch, zu verstehen, was da gerade passiert. Aber auch wenn es viele theoretische Ideen dazu gibt, wie man (bzw. meist Frau) sich verhalten sollte, wenn einem ein Übergriff widerfährt – einen Übergriff zu erfahren, ist etwas vollkommen anderes. Ich war kein Profi darin. Ich hatte kein Konzept. Ich habe es nicht verstanden!

Die Polizei einzuschalten, löst das Gefühl aus, erklären zu können, was passiert ist. Aber das kann ich nicht. Ich habe keine Erklärung dafür. Das war und ist eines der wesentlichen Probleme. Ich habe es nicht verstanden und ich verstehe es bis heute nicht!

Was passiert, wenn man die Polizei ruft? Was machen die dann? Mit mir, mit ihm? Was heißt das?

Keine Idee, keine Erfahrung. Nur das sichere Gefühl, dass ich nicht noch mehr Unsicherheit und Entblößung aushalte!

Ich muss die Kategorie »Das, was passiert ist« erst mal selbst zulassen. Und die Polizei einzuschalten, würde bedeuten, dass ich weiß, was zu tun ist. Aber das weiß ich nicht. Und ich weiß auch nicht, was dieser Schritt bedeuten würde – für mich, für mein Leben, für meine Arbeit, für ihn … Das ist mir zu viel. Ich will es erst verstehen. Ich will erst mal Luft bekommen.

Will wieder die Kontrolle bekommen, die ich gerade auf so brutale und unvorhergesehene Weise verloren habe.

Es ist also schnell das Gefühl da, dass es erst mal »meins« ist. Eine Erfahrung, die so plötzlich und unerwartet und massiv in mein Leben gekommen ist, dass ich sie gerade jetzt genau da verorten will. In MEINEM Leben. Bei MIR.

Mir meiner Gefühle, der Situation, der Tat klar werden.

Es »schützen«. Mich schützen. Wege sondieren. Versuchen zu verstehen. Luft bekommen.

Sprechen wollte ich. Habe ich. Von Anfang an. Aber geschützt. Kontrolliert. Dieser Faktor erscheint mir so wichtig: ICH habe die Kontrolle, wann und mit wem ich spreche. Was ich tue, und das bitte nur mit dem Gefühl, zumindest einmal in Ruhe oder mit Ruhe und im besten Falle mit Unterstützung und Expert:innen, darüber nachgedacht zu haben, was der nächste Schritt bedeuten und bewirken kann.

Mich besser schützen. Ich habe das – die Tat – nicht kommen sehen. Was weiß ich, was nächste Schritte bedeuten?

Dem Gefühl begegnen: »Mir glaubt niemand.« Das hat sicher auch viel damit zu tun, es selbst zu glauben. Es zuzulassen in aller Konsequenz.

Aber das ist nur das eine. Das andere ist – und das erschüttert und empört mich zutiefst: Wir lernen, dass man uns nicht glaubt.

Die Bilder und Geschichten, die wir zum Thema Vergewaltigung im Kopf haben, sitzen tief. Sind über lange Zeit gelernt und durch angebliche Wissenschaft der letzten Jahrhunderte geprägt worden.

Und da bin ich noch nicht bei den medial transportierten Bildern oder Fällen, die in Film und Fernsehen breitgetreten werden.

Vergewaltigung als Straftat

Bis vor nicht allzu langer Zeit war die Beschreibung eines Vergewaltigers in Deutschland: »Wer mit Gewalt, oder durch Drohung mit gegenwärtiger Gefahr für Leib oder Leben, eine Frauenperson zur Duldung des außerehelichen Beischlafs nötigt.« So der Wortlaut des Artikel 177 des Reichsstrafgesetzbuchs von 1871, der (…) in das deutsche Strafgesetzbuch übernommen wurde. De jure und in der allgemeinen Auffassung konnten demnach nur Frauen vergewaltigt werden und nur Männer Vergewaltiger sein, weil es dabei zum Beischlaf kam, das bedeutet zur Penetration, was aber nur außerhalb der Ehe als Problem angesehen wurde.

Die gefeierte Strafgesetzbuchänderung von 1997 erkannte die Existenz der Vergewaltigung in der Ehe an, stellte nicht nur Penetration, sondern auch »ähnliche sexuelle Handlungen« unter Strafe und machte aus einer »Frauenperson« eine »Person«.

»Damit wurden zum ersten Mal auch Männer als Opfer von sexualisierter Gewalt denkbar« (Sanyal 2016, S. 17).

Um diesem Gefühl zu begegnen, brauche ich zunächst den Austausch in meinem sicheren Umfeld und maximal anonymisierte Gespräche. Dass ich sprechen möchte, merke ich schnell. Aber eben auch das Gefühl, mich dabei sehr vorsichtig und bewusst bewegen und mir erst mal einen Raum von Sicherheit verschaffen zu wollen. Diesen geschützten Raum von Menschen, die mich kennen, denen ich vertraue.

Was löse ich aus? Was bedeutet es, den Satz auszusprechen: »Ich bin vergewaltigt worden«? Für mich – als selbstbewusste Frau. Für meine Beziehung? Für meine Eltern? Für meine Freund:innen? Für Menschen, die in ähnlichen beruflichen Kontexten unterwegs sind? Und da bin ich noch nicht beim direkten beruflichen Umfeld …

Was stellen wir uns vor, wenn wir erwarten, dass Frauen eine Vergewaltigung anzeigen? Was denken wir, wie einfach das ist? Macht sich irgendjemand Gedanken darüber, in welchem Geflecht man sich da bewegt? Es ist wie ein Mobile. Es ist äußerst sensibel. Reagiert auf jegliche Bewegung der Luft. Die Reaktion ist völlig unklar, weil man *diese* Bewegung nicht kennt, keine Erfahrung damit hat. Und schon gleich gar nicht die Kraft, mit Unvorhergesehenem umzugehen. Weil alles angstdominiert ist. Weil mein Leben noch nie so eine Erschütterung erfahren hat!

Ich kenne Krankheit. Ich kenne es, mich mit schwierigen Situationen für mich auseinanderzusetzen und einen Umgang damit zu entwickeln. Aber dabei geht es um Krankheiten. Um Situationen, in denen einem Ärzt:innen sagen, was zu tun ist. In denen es (irgendwie) ein Richtig und Falsch gibt. In denen klar ist, dass ich nichts dafür kann.

Und alle haben Verständnis.

Es ist doof und schwer. Ich habe meine halbe Jugend in einem Korsett verbracht, um meine Wirbelsäule zu stabilisieren. Aber es gibt eben nicht dieses Gefühl, die Frage: Bin ich schuld daran? Habe ich etwas falsch gemacht?

Auch die Krankheit hat einen Einfluss auf mein Leben. Ist spürbar, fast jeden Tag. Aber sie ist kein gesellschaftliches Thema. Sie betrifft nur mich.

Ein weiteres Thema, das mich persönlich, mich als Frau und auch meine Partnerschaft, begleitet hat, ist Kinderlosigkeit. Bereits einige Jahre ist dieses Thema in meinem Leben präsent. Ein Thema, das ebenfalls viele Fragen und (unausgesprochene) Erwartungen in sich trägt. Auch ein Thema, das mich vor sehr große und grundlegende Fragen gestellt hat. Als Frau (in unserer Gesellschaft), aber natürlich auch in meiner Beziehung. Auch dieses Thema – so hart es war und ist – war zunächst einmal privat. (Auch dazu später mehr.)

Eine Vergewaltigung scheint nicht nur mein Thema zu sein. Es scheint ein Thema zu sein, das auf einmal allen gehört. Es hat eine gesellschaftliche Relevanz, und deshalb gibt es gesellschaftliche Erwartungen.

Vielleicht bringt es das Thema Kinderlosigkeit auch mit sich – bestimmt sogar. Aber das ist ein weites Feld und nicht mein Schwerpunkt hier. Und trotzdem werde ich diesem Thema einen Platz geben in diesem Buch. Weil Dinge in ein Leben kommen – unerwartet. Und weil es manchmal scheint, als käme alles auf einmal. Und weil diese Dinge sich gegenseitig beeinflussen. Und weil es eben Momente sind, in denen man, in denen ich das Gefühl habe, die Kontrolle zu verlieren.

Aber zurück zu der Tat – zu der Vergewaltigung.

Ich habe das Gefühl, mich verhalten zu müssen, und gleichzeitig das Gefühl, es nicht zu können.

Ich spüre die Erwartung und mein Unvermögen. Warum? Warum kann ich das nicht: zur Polizei gehen, die Tat anzeigen? Woher kommen all die Ängste, das Misstrauen?

Und natürlich scheitere ich mit diesen Ängsten an meinen eigenen Idealen. Was wäre mein Impuls, wenn eine Freundin mir die gleiche Geschichte erzählt hätte?

Klar: Zeig den Typen an! Wir gehen zur Polizei!

Auch ich wäre sofort beim »Täter« gewesen: Wie er seine gerechte Strafe bekommt. Hätte gedacht, dass das jetzt unbedingt sein müsse. Wegen der Gerechtigkeit. Und um sich zu wehren. Und um als Frau aufzustehen – auch für die anderen Frauen!

Aber nicht meiner Freundin ist die Geschichte passiert. Sondern mir. Mir ist es nicht gelungen, mich zu wehren. Aber ich merke, dass es erst mal gar nicht um den Typen geht, sondern um mich!

Die Rebellin in mir wird zurückgewiesen. Sie ist da und sie meldet sich. Aber eine andere Stimme ist lauter. Es ist die Stimme der Angst, der Verunsicherung. Ich brauche erst einmal wieder Boden unter den Füßen.

Ich bin dieser Stimme heute sehr dankbar! Die Rebellin in mir ist immer noch unzufrieden. Aber die Angst hat dafür gesorgt, dass ich mich zuallererst um mich kümmere. Weil ich mich sicherer fühlen muss.

Erst mal im Kleinen erproben, was es bedeutet zu sprechen. Erst mal im geschützten Raum.

Sehen, wie die Reaktionen dort sind. Sich erst mal informieren. Erst mal wieder Luft bekommen.

Zu verstehen, warum man in manchen Situationen wie genau handelt, oder eben auch nicht handelt, bedeutet, sich mit der konkreten Lebenssituation und den jeweiligen Anforderungen zu beschäftigen.

Unterschiedliche Wege nach sexualisierter Gewalt

Die hier beschriebenen Fragen beschäftigen viele Frauen, die in die Beratung zu LARA kommen. Häufig haben Menschen im Umfeld der Betroffenen konkrete Vorschläge und Vorstellungen darüber, was die gewaltbetroffene Person als Nächstes zu tun hat. Nicht selten entspringt die Heftigkeit, mit der solche Ratschläge an die Betroffene herangetragen werden, der Abwehr eigener Hilflosigkeit. Da das Sprechen über Gewalterfahrungen so tabuisiert ist, werden die meisten Menschen damit selten konfrontiert, haben dann keinen konkreten Fahrplan für die Situation und fühlen sich überfordert. Manchmal erleben nahestehende Personen auch eine große Wut auf die gewaltausübende Person und spüren ein Rachebedürfnis. Aus diesen unangenehmen Gefühlen heraus kann dann viel von der betroffenen Person gefordert werden: Sie solle sofort anzeigen oder den bzw. die Täter:in konfrontieren, zumindest zur Gewaltschutzambulanz oder zu einer Beratung gehen. Nicht selten wird den Gewaltbetroffenen gesagt, sie müssten doch etwas tun, um den:die Täter:in zu stoppen.

An dieser Stelle passiert eine nicht hilfreiche Verantwortungsverschiebung. Denn nicht die betroffene Person trägt die Verantwortung, dass die gewaltausübende Person keine Gewalt mehr ausübt. Diese Verantwortung trägt die gewaltausübende Person. Die Verantwortung der Betroffenen liegt einzig darin, die Gewaltfolgen zu verarbeiten und zu heilen. Hierfür sind aus meiner Erfahrung Druck oder Handlungsvorgaben nicht hilfreich. Denn jede Person reagiert anders auf Gewalt und hat andere Bedürfnisse: Eine Person möchte erst einmal nicht darüber sprechen, weiterhin arbeiten gehen und erfahren, dass ihr Leben trotz der Tat weiterlaufen kann. Jemand anderes braucht zwei Monate Pause von allem, igelt sich in der Wohnung ein und spricht mit den engsten Freund:innen jeden Tag darüber. Eine dritte Person möchte direkt den bzw. die Täter:in anzeigen.

Die Bedürfnisse und Wege, nach Gewalt zu heilen, sind so vielfältig, wie es die Menschen und ihre Geschichten sind. Als Nahestehende können wir ihnen den Raum geben, herauszufinden, was ihr Weg ist, und ihnen dabei zur Seite stehen. Das können wir besonders gut, wenn wir uns um die eigenen Gefühle, die durch das Wissen um die Gewalt ausgelöst werden, selbst oder mit anderen Personen kümmern und die Verantwortung dafür nicht noch zusätzlich auf die Schultern der gewaltbetroffenen Person laden.

Das eine ist es, sich mit dieser für mich völlig neuen und unerwarteten Gewalterfahrung auseinanderzusetzen. Das andere ist, diese Erfahrung und den Umgang damit in mein aktuelles Leben einzubauen. Dieser Erfahrung und dem Umgang damit einen Platz zu geben.

Es ist ja nicht so, als wäre das Leben an sich nicht schon schwer genug …

Exkurs: Wenn das Leben aus den Fugen gerät

Seiltänzerin ohne Netz

Mein Leben war ein Auf-dem-Seile-Schweben.
Doch war es um zwei Pfähle fest gespannt.
Nun aber ist das starke Seil gerissen:
Und meine Brücke ragt ins Niemandsland.

Und dennoch tanz ich und will gar nichts wissen,
teils aus Gewohnheit, teils aus stolzem Zorn.
Die Menge starrt gebannt und hingerissen.
Doch gnade Gott mir, blicke ich nach vorn.
Mascha Kaléko

Der Satz ist nicht unbekannt: Im Leben kommt es anders, als man denkt … Aber niemand bereitet einen darauf vor. Wir diskutieren nicht einmal die Bilder in unserer Vorstellung, die uns davon erzählen, was da kommen wird oder soll. Die uns darauf warten lassen, dass unser Leben »so« wird. Irgendwie sind sie da. Irgendwie haben wir eine Idee davon, wie so ein Leben läuft beziehungsweise was die gesellschaftliche Erwartung daran ist. Sicherlich spreche ich hier von meinem westlichen »Komfortumfeld«, als weiße cis Frau in Europa – von Erwartungen, die sich in *dieser* Welt entwickeln. Zur Schule gehen, eine Ausbildung machen, einen eigenen Weg finden, eine berufliche und private Bestimmung finden. Ja, und irgendwann auch eine Partnerschaft finden, für mich in meiner Gedankenwelt: Mutter werden …

Meine Mutter hat mir erzählt, was es für sie bedeutet hat, plötzlich doch schwanger geworden zu sein. Es hieß, sie könne keine Kinder bekommen. Plötzlich war sie schwanger. Dieses unerwartete Glück hat sie mir vermittelt – wie schön! Ich war ein besonderes Geschenk in ihrem Leben. Das hat sicherlich unsere Beziehung sehr geprägt. Und irgendwie auch in mir die Erwartung geweckt, dass es eine besonders schöne Aufgabe im Leben ist, eine Mutter zu sein.

Auch für mich stellte sich heraus, dass dieser Weg kein leichter, kein »Es ist einfach passiert« sein würde. Mein Freund und ich können auf natürlichem Weg keine Kinder bekommen.

Das mussten wir auch erst feststellen und dann anfangen zu überlegen, was das heißt.

Was es heißt, nicht einfach die Pille abzusetzen und dann passiert, was passiert. Es passierte eben nichts. Und plötzlich war etwas, das zumindest für mich immer so klar schien, nicht mehr klar. Es geht nicht einfach immer so weiter und läuft in diese irgendwie vermittelte Umsetzung der Erwartungen an ein erfülltes Leben. Plötzlich galt es, dieser Frage, wie das Leben weiterlaufen soll, mit Bewusstsein, mit Überlegungen Raum zu geben. Und in diesen Überlegungen auch festzustellen, dass die Bedürfnisse und Erwartungen, Freuden und Ängste verschieden sind. Das ist ein schwerer Weg in einer Beziehung. Wir mussten und wollten uns dieser Frage stellen, um zu überlegen: Was mache ich jetzt? Was machen wir damit? Was bedeutet das für unsere Beziehung?

Es hat einige Zeit gebraucht, bis uns beiden, jedem und jeder für sich, das ganz klar war. Und unser Bild war nicht einheitlich. Die Erwartungen und Bedürfnisse wurden plötzlich sehr unterschiedlich. Weil wir sie so durchdenken mussten. Weil wichtige nächste Schritte daraus resultierten. Weil es um weitreichende Entscheidungen ging.

Und ich wollte mir dafür Rat und Hilfe suchen. Mir wurde eine Therapeutin empfohlen, die den Schwerpunkt »Familie« hat. Ich habe sie angeschrieben. Das war ziemlich genau ein Jahr bevor ich mich dann ein zweites Mal an sie gewendet habe. Nach meiner ersten Mail sind wir nicht zusammengekommen, sie hatte keinen Platz. Nach meiner zweiten Mail haben wir uns getroffen …

Im Rahmen dieses Buches habe ich mir die Mails nochmals vor Augen geführt.

Mir ist dieser Teil meiner Lebensgeschichte wichtig, weil er so viele Gedanken, Ängste, Sorgen, Entscheidungen geprägt hat, die plötzlich auch mit der Vergewaltigung zu tun hatten.

Weil ich mich gefragt habe und manchmal immer noch frage, wann und wo mein Leben abgebogen ist und eine so unvorhersehbare und schwierige Richtung genommen hat. Weil die Situation, in der einem Dinge widerfahren, nie losgelöst ist von der Gesamtsituation, in der man sich befindet und die dann Handlungsoptionen beeinflusst.

Wir haben entschieden, dass wir beieinanderbleiben wollen. Dass wir meinen Wunsch nach einem Kind hören und dem nachgehen, aber auch seinem Bedürfnis gerecht werden wollen, dass das kein Lebensthema für die nächsten Jahre werden sollte. Allein dieser Prozess würde ein Buch rechtfertigen, ist hier aber nicht mein Schwerpunkt.

Worum es mir geht: Wir hatten einen Termin für eine künstliche Befruchtung. Wir hatten ihn schon einmal verschoben. Jetzt wollten wir es versuchen. Der Termin lag drei Wochen nach der Vergewaltigung. Eigentlich waren es mehrere Termine, die mehrere Eingriffe und Vollnarkosen beinhalteten, um zunächst Myome in der Gebärmutter zu entfernen und dann nach der Hormonbehandlung die Eizellen zu entnehmen.

Das bedeutete für mich, mich in einer Narkose am Unterleib behandeln zu lassen.

Und hier hat mein Gehirn, habe ich mit meinem Gehirn und meinem Körper einen Entschluss gefasst: Das macht er (der »Täter«) mir nicht kaputt!!!

Der Weg bis zur Entscheidung für eine künstliche Befruchtung war so lang und schwer, das nimmt er mir nicht auch noch! Das schaffe ich. Das trenne ich. Das eine ist Gewalt, das andere Medizin! Und auch wenn der Ausgang dieses Themas unsicher ist und sehr belastend – wir haben es in der Hand. Mein Mann und ich können es besprechen und Entscheidungen treffen – nur für uns.

Das Leben war auch vorher nicht immer einfach. Ich habe schon früh einen Umgang mit körperlichen Grenzen lernen müssen. Aber irgendwann schien ich es kontrollieren zu können. Dachte ich. Aber so war es nicht.

Plötzlich stehe ich also da, bin Mitte 30 und spüre, dass ich gar nichts unter Kontrolle habe. Dass mich all diese Fragen an mich und mein Leben komplett überfordern. Dass ich den Weg und die Antworten nicht kenne. Und dass ich überhaupt keine Ahnung habe, was gerade richtig und was falsch ist.

Also ist das Einzige, was mir bleibt, auf mich und meine Intuition zu hören. Und die sagt mir: Er macht mir das nicht kaputt! Ich versuche das jetzt!

Und ich habe es versucht.

Wir haben es versucht.

Ich und mein Mann haben die Behandlung angestoßen.

Es war absurd.

Ich bin in West-Berlin aufgewachsen. Als Kind war der Ku'damm das Stadtzentrum für mich. Das lag lange zurück. Plötzlich war ich zweimal die Woche dort. Einmal die Woche in der Kinderwunschklinik und einmal die Woche direkt um die Ecke im Büro von LARA, der Beratungsstelle.

Ich habe mich wiedergefunden, wie ich versucht habe, meinen beruflichen Alltag mit den Ängsten nach der Vergewaltigung und den Anforderungen an die Hormontherapie zu verbinden. Habe mir an den absurdesten Orten diese Hormonspritzen gesetzt und probiert, mich vor den operativen Eingriffen mit vielen inneren Mantras ruhig darauf einzustellen.

Ich habe einfach mit aller Kraft versucht, die Kontrolle über mein Leben zurückzugewinnen. Aber das sollte nicht funktionieren.

Und da stand ich am Wittenbergplatz und habe mich gefragt, was zur Hölle in meinem Leben passiert ist, das mich in diese Situation gebracht hat?!?

Ich habe das nicht geschafft. Mein Körper hat zwei Versuche mitgemacht, dann hatte ich so starke Schmerzen und so große Zweifel, ob meine Psyche und Beziehung es weiter aushalten – ich habe gemerkt: Es geht einfach nicht. Es ist nicht die Zeit dafür. Es geht mir zu schlecht. Es ist nicht ausreichend Platz dafür da. Das andere Thema ist zu dominant. Oder zumindest überfordert beides zusammen mich und mein inneres und äußeres System.

Ich schreibe das, weil mir wichtig ist zu verdeutlichen: Eine Vergewaltigung passiert und berührt ein System. Und es löst alles

Mögliche in diesem System aus. Und das ist so verschieden, wie wir Menschen und unsere Lebensumstände eben verschieden sind.

Und deshalb ist es so absurd, zu denken, dass klar sei, was man nach so einer Tat tut – zu tun hat.

Gar nichts ist klar!

Sehr geehrte Frau Baller,

ich hatte mich vor etwa einem Jahr schon mal bei Ihnen gemeldet, da ging es um die Schwierigkeiten, die mein Mann und ich haben, ein Kind zu bekommen, und die Auswirkungen, die dieses Thema auf mich und auch unsere Beziehung hat. Das Thema begleitet mich immer noch, aktuell durchlaufe ich die zweite künstliche Befruchtung.

Allerdings melde ich mich vorrangig wegen eines anderen Themas, einer traumatischen Erfahrung, die ich Anfang dieses Jahres machen musste. Ich bin im beruflichen Kontext vergewaltigt worden. Ich bin seitdem bei der Organisation LARA in der Beratung und habe ein ganz tolles soziales Netz um mich herum, das mir in den letzten Wochen und Monaten viel geholfen hat, stabiler zu werden.

Allerdings ergeben sich für mich momentan zwei Anliegen, die ich gerne mit Ihnen besprechen würde.

Ich würde gerne eine »Kur« machen, um mich mit Zeit und Ruhe und etwas losgelöst aus meinem »Alltagsumfeld« mit dem Erlebten und auch der Frage, was das jetzt für mein weiteres Leben, für meine berufliche Entwicklung heißt, zu beschäftigen.

Ich habe dazu mit meinem Hausarzt gesprochen, und er sagte mir, dass ich dazu einen Antrag mit einem Psychologen stellen müsse. Ich habe nun eine Überweisung zum Psychologen.

Hier geht es mir aber erst mal wirklich eher darum, den Prozess der Antragstellung etc. in Gang zu bringen.

Und weil ich nun schon so oft Gutes von Ihnen und Ihrer Arbeit gehört habe und Sie mir sowohl zu dem Thema »Kinderlosigkeit« als auch im Umgang mit sexualisierter Gewalt benannt worden sind, würde ich mich riesig freuen, wenn ich zu Ihnen in Behandlung kommen könnte.

Denn ich denke, auch im Anschluss an die Beratung bei LARA und die hoffentlich mögliche »Kur« würde ich gerne noch in Therapie bleiben. Wann das dann zeitlich wäre und wann es bei Ihnen die Möglichkeit dazu gäbe, können wir ja vielleicht besprechen.

Was denken Sie?

Hätten Sie ggf. zeitnah eine Möglichkeit, um diese Themen gemeinsam zu besprechen?

Ich freue mich auf Ihre Rückmeldung und danke Ihnen vorab.

Beste Grüße
Jana Baumann

Neben der Beratung durch LARA will ich gerne noch eine therapeutische Unterstützung haben. Und zwar, um diese verschiedenen Stränge und Fragen in meinem Leben zu sortieren. Antworten zu finden auf meine Fragen, jeweils und auch zusammen gedacht.

Mir ist schnell klar, dass ich für die therapeutische Arbeit in eine Klinik möchte, wirklich Zeit haben möchte, mich mit meiner Lebenssituation auseinanderzusetzen. An einem geschützten Ort, abseits des Alltags. Mit Platz für meine Unsicherheit und Verletzung, für die Angst und Scham, für Hilflosigkeit und Verzweiflung. Um mich der Frage zu widmen: Wie kann ich einen Umgang mit diesen Gefühlen finden, die in dieser Form und Massivität neu in meinem Leben sind? Kann ich dort vielleicht das Thema »Kinder« und die »Kiste dieser Nacht« noch einmal aufmachen, um sie besser zu verstehen und in mein Leben integrieren zu können?

Und ich möchte neben der Klinik jemanden finden, der oder die mich längerfristig auf meinem Weg begleitet. Ich melde mich also zum zweiten Mal bei der Therapeutin, die mir schon zum Thema »Kinderlosigkeit« empfohlen worden war und die auch Traumatherapeutin ist.

Natürlich ist ein Therapieplatz bei ihr nicht so schnell zu bekommen, aber sie bietet mir Unterstützung beim Prozess der Kliniksuche an. Das ist gut und wichtig, denn dafür benötige ich eine ärztliche Einweisung. Und wir können zumindest in Abständen Termine vereinbaren, um diesen Weg gemeinsam zu gehen.

Es bildet sich ein kleines Unterstützungsteam um mich herum. Unterstützung, Rat und Orientierung.

Den Weg muss ich allein gehen, den Elefanten im Schlepptau. Und es sind unglaublich viele Weggabelungen, an denen ich Entscheidungen für mich und meinen Begleiter, mein Leben treffen muss.

Ich bewege mich in meinem »Lebenssystem«. Jeder Schritt hat an vielen Stellen Auswirkungen. Ich merke, wie viel Kraft es mich kostet, abzuwägen. Das Kinderthema rückt dabei in den Hintergrund, läuft so nebenher. Vielleicht war es genau das, was mein Körper gespürt hat.

Es gilt jetzt erst einmal einen Weg für den Alltag mit dem Thema der Vergewaltigung zu finden, das ganz offensichtlich mehr Aufmerksamkeit und Organisation benötigt. Oder zumindest komplizierter ist in der Organisation.

Eine Balance finden aus:

- dem Verstehen des Erlebten, dem Blick zurück, den Flashbacks, die die Tage und Nächte der ersten Monate prägen und durch die ich Hilfe bekomme, zu verstehen und zu akzeptieren lerne,
- dem Sich-Auseinandersetzen mit dem Hier und Jetzt, der Gestaltung des ganz konkreten Alltags – dem Umgang mit meinen Ängsten, der Arbeit, weiteren Gesprächen mit meinem direkten Umfeld, um zu erklären, wie es mir geht, was passiert ist,
- und Plänen für die nächsten Schritte – Termine mit Anwältinnen, Suche nach einer geeigneten Klinik, Überlegungen für eine berufliche Auszeit und Veränderung.

Und nebenbei »einfach« einen Alltag leben. Einen Alltag, der es erfordert, zu arbeiten, auf Geburtstage zu gehen, Freund:innen bei der Geburt ihrer Kinder zu begleiten und an ihren Leben teilzuhaben. Die Familie und Bekannte zu sehen und irgendwie zu funktionieren. Weil ich und mein Elefant nicht überall im Mittelpunkt stehen können und wollen. Weil »Normalität« auch wichtig ist und Halt gibt. Und weil in den Leben um mich herum eben auch ganz viel passiert, das einen Platz und Aufmerksamkeit haben soll.

Eine Beziehung führen. Raum für diese Bedürfnisse und die Fragen in dieser Verbindung haben.

Das Kinderthema mache ich mit mir (machen wir unter uns) aus. Muss halt auch irgendwie. Haben wir doch so beschlossen. Also dann …

Es ist viel. Es ist unglaublich anstrengend!

Und die Balance zu halten oder zumindest immer wieder zu finden – dafür ist dieses Team der professionellen Beratung um mich herum sehr wichtig. Weil wir gemeinsam überlegen können, welche Wegoptionen es gibt, wie diese Wege aussehen könnten, was ich gegebenenfalls brauche, um die eine oder andere Richtung einzuschlagen, und wie ich mich mit meinen Ängsten und Sorgen fokussieren kann.

Wie es mir geht

Es geht mir oft körperlich nicht gut. Ich spüre eine große Anspannung, mein Kopf arbeitet ununterbrochen. Tag und Nacht. Während ich versuche, meinen Job auszuüben und so zu organisieren, dass ich diesem Typen auf gar keinen Fall begegne.

Ich spüre meinen Körper nicht in dieser Zeit. Ich versuche einfach zu funktionieren.

Dieses Funktionieren ist Fluch und Segen. Zu funktionieren, meinen Job weiter auszuüben und damit automatisch indirekten »Täterkontakt« zu haben, ist sicherlich aus therapeutischer Sicht fatal. Zu funktionieren scheint für mich aber eine ganze Zeit lang – im Grunde bis zum ersten Klinikaufenthalt – die einzige Möglichkeit, mein Leben zu »halten«, ihm eine (vermeintliche) Stabilität zu geben.

Diese Stabilität dank des Funktionierens hat zwei Aspekte: Zum einen schiebe ich die Verletzung, die Traumatisierung zur Seite, um mich auf meine anderen Lebensfragen und auch mein Einkommen und das Aufrechterhalten meines Alltags zu fokussieren. Zum anderen versuche ich sicher auch, mein Umfeld »zu schonen«, traue mich nicht, oder weiß auch gar nicht, was ich jetzt eigentlich brauche und erwarten kann, um mich dieser Erfahrung und ihrer Auswirkung in letzter Konsequenz zu stellen.

Ich könnte mich auch krankschreiben lassen. Sofort und für lange Zeit. Aber das will beziehungsweise kann ich nicht. Oder beides. Warum das so ist und ich mich gefühlt nur so verhalten kann, sind Fragen, an denen ich noch arbeite. Meine Entscheidungen in dieser Zeit sind, wie gesagt, oft sehr intuitiv. Gefühlt gibt mir die Rückkehr in die Arbeit Sicherheit. Rückblickend ist das manchmal nur schwer zu verstehen.

Aber natürlich bin ich doch jeden Tag und jede Nacht damit und mit mir im Kontakt. Auf so viele Weisen.

Ich wache oft auf, habe das Gefühl, nicht wirklich tief einzuschlafen, träume viel. Von der Nacht, von geführten und anstehenden Gesprächen, von Reaktionen und Verurteilungen, Angriffen und Hilflosigkeit.

Ich habe Angst! Ich will diese Themen nicht in meinem Leben! Ich will all diese Entscheidungen nicht treffen! Ich kann nicht mehr!

Mein Leben war doch gut. Wie gesagt, nicht alles einfach. Viele Fragen, die das Leben mit Ende 30 beschäftigen, auf die es keine leichten Antworten gibt. Aber insgesamt gut.

Sicherheit, ein schönes Zuhause, tolle Menschen um mich herum, berufliche Souveränität, viele schöne Erlebnisse, Genuss, Freude, spannende neue Erfahrungen. Irgendwie ein Schiffchen, in dem ich sitze und das ich steuere. Mal mit mehr, mal mit weniger Sonne und Wind, mal schneller, mal langsamer am Ziel, aber ich mochte meine Reise, mich und das Schiffchen. Ich hatte gutes Zutrauen in unser Zusammenspiel.

Und jetzt? Ich bin völlig unvorhergesehen in einen Orkan geraten, und das Schiffchen liegt in Trümmern um mich herum, ich halte mich mit Mühe an einem Ruder über Wasser und versuche, irgendeine Idee zu entwickeln, wie es weitergehen kann.

Es gibt körperliche Reaktionen, die ich beobachte. Wenn ich über die Tat spreche, bin ich unglaublich angespannt. Und begebe mich in eine Art kognitive Welt, um überhaupt sprechen zu können. Ich spüre mich dann offenbar nicht gut, meine Hände verkrampfen, ich kneife mich. Merke es zunächst gar nicht. Werde irgendwann darauf aufmerksam gemacht.

Gar nicht so leicht, diese Ebenen – physische und psychische Reaktionen – auseinanderzuhalten oder eben auch zusammenzuführen.

Ich wünsche mir Harmonie, Vergessen. Wünsche mir immer wieder so sehr, dass das alles nur ein schlechter Traum war. Dass ich aufwache und das alles nicht passiert ist.

»Du willst es doch auch, du Miststück!« – NEIN, ich wollte und will nichts davon!!!

Auf der Suche nach Halt

»Nein, bitte nicht, ich will doch nur einen guten Job machen!«

Das ist mein beständiges Mantra. Nicht nur in der Nacht und im Moment der Tat. Auch am nächsten Tag, dem darauffolgenden und noch viele weitere Wochen und Monate.

Es ist genau das, was in meinem Kopf nicht zusammenkommen will und darf: Wie konnte das passieren? Es war doch ein guter Workshop, es war doch ein guter Abend. Alles fühlte sich richtig und auf einem guten Weg an. Ich hatte Vertrauen. In mich als Beraterin, in die anwesenden Führungskräfte, die scheinbar so viel wissen und gestalten wollten. Ich fühlte mich gesehen und ernst genommen.

Und dann wendete sich die Situation so unvermittelt, so plötzlich, so brutal, so unerklärlich. Was habe ich falsch gemacht? Warum hat er das getan? Es widersprach allen Eindrücken des Tages und des Abends.

Aber es ist passiert. Und ich sehe keinen Weg, damit umzugehen. Bin maßlos überfordert. Wer wird mir glauben? Was bedeutet das – für mich und meine Arbeit?

Ich kenne keine Diskussion, keine Haltung, keine Wege innerhalb des Unternehmens, mit so einer Erfahrung umzugehen. Ich bin zu dem Zeitpunkt bereits viele Jahre in diesem Unternehmen, habe mein Netzwerk, mir so viel erarbeitet und aufgebaut.

Was wird damit passieren? Wie ist der Umgang mit so einer Situation?

Es sind viel zu viele Fragen, als dass ich in der Lage wäre, grundlegende Entscheidungen zu treffen. Es steht zu viel auf dem Spiel. Ein Spiel, dessen Regeln ich weder kenne noch kennen will.

Normalität. Funktionieren. Erst mal so tun, als wäre nichts passiert. Das ist für mich die einzige Option. Zumindest so lange, bis ich mehr Klarheit habe.

Es gibt eine Hotline in dem Unternehmen. Der Flyer für diese Hotline spricht viele Themen an: Depression, Mobbing, Alkoholsucht … Sexuelle Belästigung oder sexualisierte Gewalt wird nicht explizit erwähnt. Aber ich brauche Hilfe, Klarheit – gerade auch im Hinblick auf das Unternehmen und den Umgang dort mit so einer Tat.

Ich rufe bei der Hotline an, die von freiberuflichen Psycholog:innen bedient wird. Etwa eine Woche nach der Tat. Ich versuche, in wenigen Sätzen meinen Fall zu schildern, und verspüre schnell eine große Unsicherheit. Das ist zu groß, zu massiv. Die gängigen Ratschläge scheinen nicht angebracht. Ob ich dringend etwas bräuchte? Nein, ich brauche Orientierung und Hilfe durch das Unternehmen. Mir wird gesagt, dass Informationen eingeholt werden und man wieder auf mich zukommen würde. Und dass alles streng vertraulich sei.

Es stehen beruflich Termine an. Termine, die eine potenzielle Begegnung mit dem »Täter« bedeutet hätten. Das ist unmöglich, und mir ist klar, dass ich für solche möglichen oder auch ganz konkreten Fälle eine Lösung brauche. Das ist auch der Zeitpunkt, an dem ich zu meinem Hausarzt gehe.

Auch hier: »Ich bin vergewaltigt worden. Im Arbeitskontext. Ich möchte weiterarbeiten, aber ich brauche Ihre Unterstützung.«

Der Arzt ist toll. Sehr klar. Macht Hilfsangebote und fragt mich, was ich für meine Sicherheit, meinen Halt sonst tue. Ich kann ihm von LARA und von meiner Suche nach einer Therapeutin berichten. Er sagt mir seine Unterstützung zu und erlaubt mir ihn jederzeit zu kontaktieren, wenn ich seine Hilfe brauche.

Wieder ein wichtiger Schritt, der mir Freiheit und Sicherheit gibt. Wieder jemand, der mir glaubt, Unterstützung entlang meiner Bedürfnisse anbietet und unhinterfragt da ist.

Nach einigen Tagen erhalte ich eine Information von der Psychologin der Hotline. Es gibt eine Ombudsfrau, eine neutrale Ansprechpartnerin im Unternehmen. Und es gibt eine Richtlinie, die solche Handlungen untersagt. Okay. Aha. Eine Richtlinie also. Aber was ist, wenn sich jemand nicht danach richtet?

Ich melde mich bei der Ombudsfrau. Von ihrem Sekretariat wird mir zugesichert, dass alle Gespräche zwischen ihr und mir absolut vertraulich behandelt würden.

Also gut. Ich vereinbare über ihr Sekretariat einen Termin mit ihr. Überlege lange, was und wie ich es sage. Es ist noch die Zeit, in der Angst und Traurigkeit die Situationen des Sprechens dominieren. Ich bin sehr aufgeregt und emotional. Solche Gespräche erfordern und bedeuten emotional wirklich viel! Vorbereitung, viele Überlegungen, Abwägungen, Mut, Angst. Aber ich weiß, dass ich den Weg gehen muss. Eben um zu verstehen. Um zu verstehen, wie das Unternehmen tickt. Welche Optionen es gibt. Wie die Reaktionen sind.

Alles unter der Prämisse der Vertraulichkeit. Ohne Zugzwang für mich. Erst mal nur informieren.

Sie hört zu und ist sichtlich besorgt. Ich nenne keinen Namen, sondern will einfach wissen, wie der Umgang im Unternehmen mit solchen Taten ist. Welche Erfahrungen es gibt. Ich frage, ob es im Unternehmen vielleicht weitere Fälle gibt. Die Situation wäre so eine andere, wenn ich nicht allein wäre … Ich weiß, dass es helfen könnte, wenn es nicht nur eine (meine) Aussage wäre. Es gibt noch kein #MeToo.

Sie sagt mir, dass es nicht der erste Fall sei. Dass es solche Taten bereits gegeben habe.

Natürlich. Man muss die Statistik nur runterrechnen, um zu begreifen, dass alle Unternehmen vermutlich in irgendeiner Form betroffen sind.

Umso erstaunlicher, wie wenig das Thema aktiv angegangen wird! Wie wenig sichtbar das Thema und der Umgang damit sind. Warum ist es nicht elementarer Bestandteil der Führungskräfteentwicklung, des Onboardings, der Qualifizierung von Mitarbeitenden in Unternehmen?

Dann zeigt sie mir den möglichen Prozess auf. Meine Führungskraft und die Führungskraft des vermeintlichen Täters würde informiert und dann die Person selbst mit den Vorwürfen konfrontiert werden. Natürlich gelte zunächst: im Zweifel für den Angeklagten. Eine Anzeige, ein Prozess würde der Sache helfen.

Ich sage, dass ich es mir überlege und mich gegebenenfalls melde. Aber dieser Weg, also das Sprechen mit den Vorgesetzten, erscheint mir erst mal nicht möglich. Zu viel, zu direkt, zu ungewiss. Außerdem ist im Grunde klar, dass dieser Schritt eine Anzeige bei der Polizei implizieren würde.

Ich habe unglaubliche Angst. Vor den Reaktionen, vor der Verantwortung, vor der Bloßstellung.

Und es ist für mich auch spürbar, dass es in dem Unternehmen relativ wenig Erfahrungen gibt. Niemanden, der sich aus psychologisch professioneller Sicht auskennt. Ich habe kein Gefühl von Schutz. Nicht, weil man es nicht wollte, sondern, weil nach meiner Wahrnehmung zu wenig Strukturen und Wissen vorherrschen, die für das Verstehen, die Entstehung und Wirkung von Macht und Traumatisierung im Arbeitskontext wichtig sind.

Die Ombudsfrau sichert mir zu, mit niemandem darüber zu sprechen.

Weiter Informationen sammeln. Eins nach dem anderen.

Sie hat mir signalisiert, dass sie für mich erreichbar ist und sich ihrerseits darüber informiert, was man/sie tun kann. Und sie will auch klären, ob es eine Möglichkeit innerhalb des Unternehmens gibt, mich anwaltlich zu beraten.

Ich will weiterarbeiten. Ich will nicht zu Hause sitzen und Angst haben. Ich habe die Hoffnung und Überzeugung, dass das Weiterarbeiten mich davor schützt, zu sehr in der Angst zu verharren. Aber ich brauche ein neues Sicherheitskonzept.

Da gibt es den Kollegen, der in der Nacht da war und alles weiß. Ich binde einen weiteren Kollegen ein, erzähle ihm von meiner Situation. Auch er ist über die Jahre vom Kollegen zum Freund geworden. Beide sichern mir ihre Unterstützung zu. Diese besteht vor allem darin, dass ich bei Übernachtungen im Hotel nicht unter meinem Namen auffindbar bin, weil wir die Zimmer nach dem Check-in tauschen. Das ist mit einer Menge Planung und Vorausdenken verbunden.

Ich habe viel Angst zu dieser Zeit. Angst, dass der Typ mich sucht und erfragt, wo ich bin. Dass es auf einmal abends/nachts an meiner Tür klopft … Das will ich um jeden Preis vermeiden! So unwahrscheinlich es auch ist, dass der Typ dort im Hotel auftaucht – diese Möglichkeit versuche ich, vor jeder Reise bereits grundsätzlich zu erörtern. Es gibt mir Sicherheit. Und ich bin so froh, dass ich die Unterstützung und den Halt durch meine Kollegen/Freunde bekomme.

Das ist eine der vielen Sicherheitsmaßnahmen, die mir eine Bewegung und die Durchführung meines Jobs überhaupt noch möglich machen.

Es ändert aber nichts daran, dass ich in den ersten Monaten durch jedes Geräusch auf dem Gang wach werde. Dass ich permanent die Situation, den Ort, die Fluchtmöglichkeiten scanne und versuche, alle Optionen im Blick zu haben, und insgesamt sehr wenig und schlecht schlafe.

Ich fühle mich teilweise wie ein ängstlicher Pumuckl, der davor bangt, doch gesehen zu werden, irgendwie ein Stück unsichtbar zu werden war mein Wunsch und auch mein Handeln in der Öffentlichkeit, im Arbeitskontext.

Und natürlich ist es auch Teil der Beratung mit Anne Roth und in der Therapie zu überlegen, wie ich reagieren könnte, wenn tatsächlich eine unvermittelte Begegnung stattfinden würde. Was mache ich dann? Wie kann ich für mich sorgen? Es ist wichtig für mich, zu klären: Ich muss gar nichts! Ich kann einfach weitergehen, kann mich der Konfrontation entziehen. Wortlos. Das üben wir.

Mir ist klar, dass all diese Behelfsmittel allein nicht ausreichen. Ich muss auch mit meiner Chefin sprechen. Die Beratungstätigkeit bringt es mit sich, dass wir beide nur wenige reguläre Begegnungen haben. Und wenn diese stattfinden, dann ist kaum Raum, um in Ruhe zu sprechen, weil wir dann meistens nicht allein, sondern im Team zusammenkommen.

Ich will sie informieren. Ich bin zu der Zeit einige Jahre in ihrem Team, und wir haben ein sehr gutes Vertrauensverhältnis. Ich bitte sie um ein Treffen. Da wir in unterschiedlichen Städten leben, treffen wir uns auf halbem Weg. Mir ist das persönliche Treffen absolut wichtig. Und entsprechend fordere ich das ein und bin sehr dankbar, dass sie es ermöglicht.

Wieder ein Moment großer Unsicherheit und Aufregung. Ich kann beziehungsweise will ihr das Anliegen nicht telefonisch oder per Mail mitteilen. Also ist der Betreff für unser Treffen: »persönliches Thema«. Das kann bei Frauen Mitte/Ende 30 vieles sein …

Ich glaube, wir sind beide sehr unsicher. Bevor ich ihr sagen kann, worum es geht, bitte ich sie um ein Versprechen: »Kannst du mir versprechen, dass das, was ich dir jetzt erzähle, unter uns bleibt?«

Sicherlich auch eine große Anforderung an sie. Aber eine notwendige für mich. Weil ich sicherstellen muss, dass auch hier ICH in der Entscheidung bleibe, was als Nächstes passiert. Wohl wissend, dass diese Information, gepaart mit der Tatsache, dass ich noch keine Anzeige erstattet habe und auch nicht weiß, ob und wann ich das tue, für sie als Leiterin eines Teams mit überwiegend weiblichen Beraterinnen schwierig zu ertragen ist. Und für mich ist auch klar: Ich kann und werde den Namen nicht nennen. Denn dann wäre sie verpflichtet zu handeln. Wie so viele. Deshalb weiß bis heute so gut wie niemand, um wen es konkret geht.

Aber ich will, dass sie um meine Situation weiß. Ich will, dass sie versteht, warum ich vielleicht in bestimmten Situationen nicht anwesend sein kann. Und ich will auch, dass sie es weiß, weil sie als meine Chefin eine sehr wichtige und immer vertrauensvolle Ansprechpartnerin war und ist.

»Ich bin vergewaltigt worden.« Auch in diesem Gespräch komme ich um diesen Satz nicht herum. Ich habe mich vorbereitet, gemeinsam mit Anne Roth überlegt, was ich sagen kann und will und welche Botschaften und Erwartungen damit verbunden sind. Das ist gut. Weil in solchen Momenten das Gehirn ein bisschen abschaltet. Es hilft, diese Situationen vorher durchzuspielen und sich Notizen zu machen.

Sie reagiert ganz toll. Sie hört zu, fühlt mit. Ist sichtlich bewegt und berührt.

Und sie sichert mir ihre Unterstützung zu. Natürlich sagt sie auch, dass sie sich informieren müsse, sie mit einer HR-Kollegin sprechen würde darüber, was das für sie bedeute. Für sie als meine Führungskraft und die Führungskraft eines Teams. Welche Wege es gäbe.

Alles o. k. und nachvollziehbar für mich – solange es anonym bleibt! Solange ich nicht zu Handlungen gezwungen werde, die ich noch nicht überblicken kann. Dieses Versprechen gibt sie mir.

Und auch ihr bin ich unglaublich dankbar. Für das Vertrauen, für den Raum, für ihre Unsicherheit, die sie bereit ist für mich zu ertragen! Denn natürlich bringe ich sie damit in eine ganz schwierige Situation. Und wir merken wohl auch beide, dass uns das Wissen und die Erfahrung im Umgang mit solchen Situationen fehlt. Aber das, was für mich in dem Moment wichtig ist, hat sie mir geben können: Vertrauen.

Man lädt allen, denen man davon erzählt, ein großes, schwer zu tragendes Paket auf. Das auszuhalten und sich selbst zu ermutigen, es trotzdem zu tun, weil es keine andere Wahl gibt, weil ich mir das auch nicht ausgesucht habe – das ist sehr schwierig. Bis heute.

Es ist eine Bürde. Es ist nichts, was wir hören wollen. Nichts, wovon wir ein Teil sein wollen. Aber dann sind wir es.

Aber ganz ehrlich – gut zu reagieren, ist eigentlich gar nicht so schwierig. Es gibt erst mal gar nicht so viel zu tun, außer zuzuhören und anzunehmen und da zu sein. Ohne Wissen, ohne Lösungen – einfach als Vertrauensperson. Aber vielleicht ist genau das gerade so schwierig. Weil wir alle immer so gerne Lösungen übermitteln wollen. Weil wir so gerne glauben wollen, dass es einen einfachen Weg, dass es Gut und Böse, Richtig und Falsch gibt.

Und dann merken wir, dass das so einfach nicht ist. Dass es Situationen gibt, in denen diese Mechanismen nicht funktionieren. So sehr wir uns das wünschen.

Es gibt in dieser Sache viele interessante Phänomene.

Fast alle Menschen kennen irgendwann Gewaltbetroffene. Niemand kennt einen Täter, eine Täterin: weil wir es nicht sehen wollen! Weil es zu viel infrage stellen würde. Weil wir doch lernen, was gut und was böse ist. *But: It's not!*

Und das merken wir dann. Oder zumindest merken es die, die betroffen sind.

Und das macht Angst. Es macht Angst, zu akzeptieren, dass die Täter:innen unter uns sind. Es macht Angst, zu akzeptieren, dass wir uns nicht wirklich vorbereiten können. Dass es kein Schema gibt, das uns sagt, wie wir uns schützen können. Zumindest keines, das ganz klar und einfach ist. Es reicht nicht, auf den Minirock und den Lippenstift zu verzichten, den dunklen Park zu meiden.

Und das ist unbequem. Das ist zuweilen schmerzhaft. Das verunsichert sehr.

Aber nur, wenn wir das anerkennen und sehen, können wir als Gesellschaft Mechanismen entwickeln, gemeinsam dagegen vorzugehen.

Mir wird relativ schnell klar, dass ich einen Weg raus aus dem Unternehmen brauche. Mir wird klar, dass ich den Abstand brauche, um alle weiteren Schritte für mich aus einer anderen, einer unabhängigeren Perspektive zu durchdenken.

Und gleichzeitig ist da das Gefühl endloser Ungerechtigkeit. Ich mag meinen Job, ich fühle mich diesem Unternehmen so verbunden, so viele gute Erfahrungen habe ich dort gemacht, tolle Kolleg:innen kennengelernt, so viel gelernt und auch so vieles gesehen, das ich noch lernen will. Ich will nicht weg aus dem Unternehmen, aber weg aus der Angst vor der Begegnung, weg aus den Abhängigkeiten, die in solchen Kontexten bestehen.

Aber wie kann dieser Weg raus aus dem Unternehmen aussehen? Und was mache ich stattdessen?

Nach wie vor das Gefühl, dass ich Zeit brauche. Zeit und therapeutische Unterstützung. Um MEINEN Weg zu finden.

Und eine Auszeit. Um nachzudenken und einen Plan für mich zu machen.

Ich zahle auf ein Langzeitkonto ein. Ich erhöhe die Beiträge mit dem Ziel, baldmöglichst zwei Monate auszusteigen und Zeit für meinen Plan zu gewinnen.

Der Weg raus aus dem Unternehmen wird also noch einige Zeit dauern. Aber das ist okay. Ich muss erst das Geld verdienen, um die Schritte machen zu können, die mir sinnvoll erscheinen. Bis dahin habe ich das Gefühl, eine Basis an Sicherheit geschaffen zu haben, die es mir erlaubt, weiterzuarbeiten. Wie viel Kraft und tägliche Organisation und Absicherung das auch bedeutet.

Mein erster Kontakt mit dem Justizsystem

Es ist mein erster Termin bei einer Anwältin überhaupt. Ich bin vorher nie in Berührung mit dem Justizsystem gekommen. Abgesehen von einigen Freund:innen (überwiegend Männer), die Jura studiert haben und mit denen ich mich an Diskussionen zur Verteidigung von Straftäter:innen erinnere. Schon damals habe ich gemerkt, wie schwer ich mich damit tue, juristische Fakten im Verhältnis zu meinem persönlichen Wertesystem anzuerkennen.

Nun stehe ich vor dieser Kanzlei und habe einen Termin bei einer Anwältin, die auf die Verteidigung von Betroffenen von Sexualdelikten spezialisiert ist.

Ich merke schnell, dass die Sprache, der Ton, die Fragen mich sehr irritieren. Hier geht es (ganz im Gegensatz zu allen bisher geführten Gesprächen) nicht mehr um mich als Person, um meine Gefühle, Ängste, Sorgen.

Jetzt geht es um juristische Fakten.

Und das ist der Moment, in dem ich sehr viel lernen muss, was mein Vertrauen in dieses juristische System maßgeblich erschüttert.

Damit möchte ich nicht infrage stellen, dass dieses System in ganz vielen Situationen eine absolute Berechtigung hat, und ich maße mir überhaupt nicht an, es als System (gerade auch im Vergleich zu anderen bestehenden Systemen in anderen Ländern) grundsätzlich einschätzen und beurteilen zu können. Ich kann im Folgenden nur die Wirkung auf mich ganz persönlich wiedergeben. Und diese Wirkung hat verschiedene Ebenen.

Sobald die Ermittlungen der Staatsanwaltschaft abgeschlossen sind, wird diese, wenn ein hinreichender Tatverdacht besteht, Anklage gegen den Beschuldigten erheben. In dem Moment, in dem ich zur Polizei gehe und Anzeige erstatte, übernimmt der Staat den Fall, und ich bin Zeugin und kann gegebenenfalls als Nebenklägerin auftreten.

Und das ist übrigens eine ganz wesentliche, mir vorher völlig unbekannte juristische Grundlage der Situation.

Strafrechtsprozesse werden vom Staat geführt.

Was bedeutet das?

Das bedeutet: Wenn ich Anzeige bei der Polizei erstattet habe, werden dort die Ermittlungen eingeleitet. Das heißt, dass der »Täter« und mögliche benannte Zeug:innen kontaktiert und mit dem Thema, also der Anzeige, konfrontiert werden und die Polizei ermittelt. In dem Moment gebe ich die Verantwortung für alle folgenden Schritte ab und habe nur sehr bedingt Einfluss darauf.

Für mich ganz persönlich: Der »Täter« wird mit der Anzeige konfrontiert. Was macht er dann? Wie reagiert er? Wird er mich kontaktieren? Wird er mir erneut etwas antun? Er hat sich schon einmal einfach genommen, was er wollte. Er scheint keine Scheu vor der Anwendung von Gewalt zu haben.

Damit verbunden sind natürlich wieder eng die Fragen: Was bedeutet das dann auch beruflich für mich? Wie geht das im Alltag?

Wenn die Polizei ihre Ermittlungen abgeschlossen hat, wird der Fall der Staatsanwaltschaft übergeben. Das bedeutet, er landet auf einem großen Stapel von Anklagen. Zu gegebener Zeit schaut sich die Staatsanwaltschaft die Akte an und überprüft die Faktenlage. Anhand derer wird dann entschieden, ob sich ein Prozess lohnt, genügend Beweise vorliegen. Weil der Staat anklagt, liegen die Kosten zunächst auch beim Staat. Wenn die Staatsanwaltschaft dann entscheidet, dass ein Prozess Erfolgschancen hat, erhebt sie Anklage. Wenn nicht, dann nicht. Dann kann es sein, dass ein Fall aufgrund von Mangel an Beweisen eingestellt wird.

Bis zu dieser Entscheidung können ein bis drei Jahre vergehen. In dieser Zeit weiß der (mutmaßliche) Täter bereits von der Anzeige und kann sich wiederum einen:e Strafverteidiger:in suchen.

Was ist noch relevant für den Prozess? Zunächst die Frage: Gibt es Beweise und/oder Zeug:innen, die die Tat miterlebt haben beziehungsweise die einen Hinweis auf die Schuld des Angeklagten geben können?

Bei Vergewaltigungen ist es meistens so, dass sie unter Ausschluss von Zeug:innen stattfinden, es sei denn, diese sind in irgendeiner Weise selbst Teil der Tat. Die Beweislage gestaltet sich also sehr schwierig. Wie gesagt, selbst genetische Spuren sagen nichts über »Einvernehmlichkeit« aus.

Justice gap

Vergewaltigung ist das Verbrechen in Deutschland, bei dem der größte *justice gap* (»Gerechtigkeitslücke«: die Differenz zwischen verübten Taten und verurteilten Täter:innen) zu verzeichnen ist. Aus der Berechnung der Zahlen der anonymen Betroffenenbefragungen zum Dunkelfeld (circa 10 % zeigen an; es gibt rund 8000 Anzeigen) und der Veröffentlichungen des Bundesamtes für Justiz (Verurteilungsquote der angezeigten Fälle 8,4 %) ergibt sich, dass im Durchschnitt von tausend Vergewaltigungen acht verurteilt werden (vgl. BFF 2016; Schröttle 2004: 159; Bundesamt für Justiz 2006, Presseerklärung kfN/Pfeiffer 2014; Clemm 2023: 169).

Es gibt einige juristische Begebenheiten, die zu dieser Gerechtigkeitslücke beitragen. So ist es in einem Justizsystem, das dem Grundsatz *in dubio pro reo* (»im Zweifel für den Angeklagten«) folgt, schwer, eine Verurteilung im Falle von sexualisierter Gewalt zu erreichen. Denn häufig steht – aus Mangel an »objektiven Beweismitteln« – Aussage gegen Aussage, und es gibt keine weiteren Zeug:innen. Die Gewaltbetroffenen müssen demnach *beweisen*, dass ihnen Gewalt angetan wurde.

Die rechtliche Situation hat sich seit der Reform des Sexualstrafrechts 2015 zwar etwas verbessert. Weiterhin wird jedoch die Beurteilung der Staatsanwaltschaft und des Gerichts durch die bereits beschriebenen Vergewaltigungsmythen beeinflusst, sodass nach wie vor oft die Tendenz zu einer Suche nach der Mitschuld der Gewaltbetroffenen gegeben ist.

Ein Spiel, dessen Regeln ich nicht kenne (oder nicht kennen möchte)

All diese ersten juristischen Informationen machen mich nicht nur sprachlos (ist eine Vergewaltigung das »perfekte«, weil so schwierig nachweisbare Verbrechen?), sondern entlassen mich mit der Aufgabe, mir sehr genau zu überlegen, was so ein Prozess bedeutet.

Nicht nur für mich, sondern auch für viele andere Menschen.

Was bedeutet so ein Prozess für die Zeug:innen, wenn die Ermittlungen ein bis drei Jahre dauern können, aber der »Täter« bereits von Tag eins mit der Anzeige konfrontiert ist? Was bedeutet mein Handeln möglicherweise für das (Arbeits-)Leben anderer?

Was bedeutet so ein Prozess für meine Familie, meine Partnerschaft? Wie werden diese Menschen während der langen Zeit der Ermittlungen und des möglichen Prozesses geschützt?

Und mein Gefühl, meine Angst: Worum geht es der Strafverteidigung, also der Verteidigung des potenziellen Täters?

Ganz einfach: Es geht darum, mich unglaubwürdig zu machen. Und dazu sind alle Mittel recht.

Was bedeutet das? Was passiert mit meinem Privatleben, mit Dingen, die ich in der Vergangenheit getan oder nicht getan habe? In welche Situation und Rolle werde ich hier gedrängt?

Was macht der »Täter«? Er weiß, wo ich wohne.

Was bedeutet das für meinen Job? Für unseren gemeinsamen Arbeitgeber?

Kann ich das alles aushalten? Wofür?

Was ist, wenn er freigesprochen wird? Wie werden Freund:innen, Familie, das Jobumfeld reagieren? Wie ich?

Es ist also ein Termin, der mir viele Informationen, viel Klarheit über die ernüchternde Rechtslage und wenig Klarheit über die nächsten Schritte einbringt. Und tatsächlich wenig Hoffnung. Der mich sehr ratlos wieder auf die Straße entlässt.

Und er stellt mich vor eine ganz grundlegende Problematik, die mich bis heute begleitet: Es gibt den Anteil in mir, der kämpfen möchte, der aufstehen und sich juristisch wehren möchte. Der auch dieser gesellschaftlichen Erwartung entsprechen möchte. Es gibt da auch, ganz schlicht, meine persönliche Überzeugung, dass das System (auch das juristische), in dem ich lebe, ein sehr privilegiertes und fortschrittliches System ist. Daran habe ich doch immer geglaubt. Natürlich nicht uneingeschränkt, aber im Grundsatz schon.

Doch plötzlich verstehe ich es nicht mehr. Plötzlich scheinen meine Grundwerte darin nicht abgebildet. Plötzlich fühle ich mich davon bedroht.

Warum scheint es plötzlich um mich zu gehen? Warum spielt es eine Rolle, was ich in meinem (freien) Leben gemacht oder nicht gemacht habe?

Ich habe nichts getan! Nichts juristisch Relevantes in diesem Fall. Mir wurde etwas angetan!

Aber es scheint, als würde ein Prozess bedeuten, dass alles, was ich getan oder nicht getan habe, plötzlich gegen mich verwendet werden könnte.

Eine Vergewaltigung ist ein Offizialdelikt

»Eine Vergewaltigung ist ein Offizialdelikt. (…) Sobald die Ermittlungsbehörden von einer solchen Straftat hören, müssen sie ermitteln, unabhängig von dem Wunsch der Betroffenen. Diese sind verpflichtet auszusagen, selbst wenn sie das aus welchen Gründen auch immer nicht möchten. Es gilt, den staatlichen Strafanspruch zu erfüllen, nicht das Interesse der Einzelnen. Dabei wissen viele Betroffene, dass gerade bei Sexualdelikten oder bei Delikten im häuslichen oder sonstigen Nahbereich die Verfahren äußerst belastend sind, ihnen massives Misstrauen begegnet und sie retraumatisiert werden können. Viele Opferorganisationen und Anwält:innen, die in diesem Bereich tätig sind, diskutieren seit Jahren, ob der Strafprozess der richtige Weg für die Betroffenen ist oder man ihnen von der Erstattung von Strafanzeigen abraten sollte. (…)«
Christina Clemm[2]

Ich werde noch weitere Anwältinnen aufsuchen und dazu berichten. Es ist mir wichtig, schon an dieser Stelle zu sagen, dass das Thema der Anzeige und des juristischen Prozesses bis heute eine der größten Verunsicherungen ist, mit denen ich zu kämpfen habe.

Weil es sich so unsagbar ungerecht anfühlt! Weil ich es nicht verstehe. Weil es so gar nicht mit meinem Wertesystem im Einklang steht.

Es scheint sich alles zu verdrehen, und ich fühle mich einem System, einem »Spiel« ausgeliefert, dessen Regeln ich nicht kenne und nicht beherrsche und übrigens auch gar nicht beherrschen will!

Vor der Kamera sprechen

Durch einen Zufall bekomme ich einige Monate nach der Vergewaltigung sowohl über eine Freundin als auch über LARA den Aufruf mit, dass Betroffene von sexueller Belästigung beziehungsweise sexualisierter Gewalt am Arbeitsplatz sich bei einer Filmproduktion melden können, die einen Dokumentarfilm zu dem Thema macht.

Nach ein paar Wochen Überlegung melde ich mich bei der Ansprechpartnerin. Ich umreiße kurz, worum es geht, sie sagt, dass der Film fast abgeschlossen sei, sie sich aber sehr gerne mit mir treffen wolle.

Ich bin sehr aufgeregt. Auch das eine neue Erfahrung, ich habe noch nie in einem Film mitgewirkt. Was gibt es zu bedenken? Ich merke schnell: Ich will und muss mich absichern und kann nur mitwirken, wenn eine Anonymisierung sichergestellt ist. Und wichtig: Es ist vor #MeToo, bevor es einen gesellschaftlichen Diskurs zum Thema gibt.

Gegen all meine Bedenken und Ängste überwiegt aber der Impuls: Es ergibt sich eine weitere Chance, zu sprechen, und ich kann darüber informieren, dass so etwas jederzeit und sehr unvermittelt passieren kann – eben auch und gerade im beruflichen Kontext beziehungsweise überall dort, wo Machtstrukturen greifen. Also überall dort, wo Hierarchie über Erfolg und Misserfolg entscheidet.

Weil ich denke, dass wir, wenn wir mehr darüber sprechen, wie solche Taten passieren, am Ende sehr viel bewegen können. Vor allem sind diese Gespräche sichtbarer, als Prozesse, die im Zweifel nicht einmal zu einer Anklage führen.

Unser Treffen findet nur wenige Tage später statt, in einem geschützten Raum. Und ich mache sehr deutlich, dass ich Vertrautheit erwarte und brauche, um mich auf dieses Projekt einzulassen. Das bedeutet, dass ich im Film nicht erkennbar sein werde, also anonym bleibe, und auch keine konkreten Informationen zum »Täter« beziehungsweise zum Unternehmen geben werde.

Dann machen wir die Aufnahmen und das ist ein sehr bewegender Moment. Weil es für mich bedeutet, bei laufender Kamera prägnant zu berichten, was mir passiert ist. Ich bin sehr nervös und aufgewühlt währenddessen.

Aber es fühlt sich auch gut an. Weil ich insbesondere mit dem zunehmenden Wissen über die juristische Situation immer mehr zu dem Punkt gekommen bin, mich zu fragen, was eigentlich mein Weg und auch ein Stück weit mein Kampf sein kann, wenn es darum geht, andere vor ähnlichen Situationen zu bewahren. Nein, das klingt vermessen. Zunächst mal darüber zu sprechen, welche Erfahrungen und Mechanismen passieren können. Damit – darum geht es doch – wir als Gesellschaft wachsamer werden, laut werden. Es geht mir darum, die Sinne zu schärfen und Aufmerksamkeit zu erzeugen. Da scheint mir das Filmprojekt ein Schritt in die richtige Richtung zu sein.

Ich habe gesprochen und es war sehr bewegend. Wie ich im Nachgang erfahren habe, nicht nur für mich, auch für das Filmteam. Mein Fall ist die einzige tatsächliche Vergewaltigung in dem Film. Die anderen Beispiele betreffen sexuelle Belästigungen am Arbeitsplatz. Das ist der Schwerpunkt: sexuelle Belästigung beziehungsweise Nötigung am Arbeitsplatz. Mir wird gesagt, mein Fall würde als »Monolith«, also als ein separates Beispiel, losgelöst von anderen Beispielen, im Film gezeigt werden. Das ist für mich in Ordnung.

Die Fertigstellung des Dokumentarfilms zieht sich in die Länge, weil der Prozess der anderen Beteiligten – länger dauert. Letztendlich entsteht ein Film, der in der zeitgleich aufkommenden #MeeToo-Debatte sicher einen berechtigten Platz hat. Für mich persönlich gibt es begleitend und im Nachgang einige Fragezeichen und Unsicherheiten, ob ich zu einem späteren Zeitpunkt in gleicher Weise bereit gewesen wäre, Teil dieses Projekts zu sein. Aber das ist das unsinnige Bemühen von »Hätte, hätte …«. In dem Moment war es für mich richtig und gut, auch in und über dieses Medium zu sprechen und mir selbst damit das Gefühl zu geben, dass ich durchaus kämpfe – gegen diese Formen von Gewalt. Nur eben auf einer anderen Bühne oder auf eine andere Weise, als ich es mit der zu erwartenden Anzeige getan hätte.

Und das ist mir sehr wichtig. Genauso wie dieser Text. Ein Versuch, den Prozess – meinen Prozess – auf eine andere Bühne als die juristische zu verlagern.

Ich weiß, dass ich sicher für vieles angreifbar bin. Ich weiß, dass ich vielen Erwartungen mit meinem Handeln nicht entspreche. Aber ich habe mich entschieden, zunächst eben diesen Weg zu gehen. Zu sprechen. Aufzuklären. Aufzurütteln. Vielleicht, Diskussionen anzuregen. Auf jeden Fall nicht zu verstummen. Und weil Sprechen eben auch eine Form der Selbstermächtigung ist. Ich komme ins Tun, bin aktiv.

Im Zweifel für den Zweifel …

Ich will meine Lebensfreude nicht verlieren!

Schon sehr kurz nach der Tat merke ich, dass ich unbedingt alles tun möchte, um den Einfluss der Vergewaltigung auf mich und mein Leben so gering wie möglich zu halten. Ich habe in meinem Umfeld im Kontakt mit Familienangehörigen und Bekannten schon früh erlebt, wie sich Angsterkrankungen und Folgen von Traumatisierung auf das Leben auswirken können. Es sorgt mich unglaublich, den Einfluss der Tat und mögliche langfristige Einschränkungen in meinem Leben zu spüren. Das will ich der Tat, dem Typen auf gar keinen Fall einräumen.

Angst kann eine sehr große Macht in einem Leben und für das tägliche Handeln bedeuten. Das will ich nicht, oder zumindest doch so wenig wie möglich.

Ich merke eine Traurigkeit und auch Schwierigkeit, zuzulassen, dass das MIR passiert ist.

Dass das jetzt zu meinem Leben gehört.

Meine Geschichte ist. Und bleibt.

Symptome, die ich erlebe: Angst; Herzrasen; Schweißausbrüche; Albträume; Flashbacks (wobei ich diese Vokabel erst lernen muss).

Flashback

Der Begriff »Flashback« bezeichnet das plötzliche, »blitzartige« Wiedererleben der Gewaltsituation. Flashbacks können in verschiedenen Formen auftreten. So können plötzlich Bilder und Erinnerungsfetzen in das Bewusstsein drängen oder auch körperliche Zustände wie Schmerzen oder Lähmungen wieder auftreten. Häufig werden Flashbacks durch Reize ausgelöst, die den Körper an die Gewaltsituation erinnern. Das kann ein Geruch (z. B., wenn jemand das gleiche Parfüm/Aftershave wie die gewaltausübende Person benutzt), eine Körperbewegung oder -statur, eine Stimmlage oder auch eine Körperempfindung sein. Der Körper reagiert auf diese Reize mit einer Schutzreaktion, um zu verhindern, dass abermals Gewalt passiert. Daher sind Flashbacks häufig mit einer Adrenalinausschüttung verbunden, die im Falle einer erneuten konkreten Gefahr ermöglichen würde, schneller zu fliehen oder sich zu verteidigen.

Für Betroffene sind Flashbacks oftmals sehr belastend und verwirrend, und mitunter entsteht das Gefühl, verrückt zu werden, weil Körper und Geist so unkontrollierbar agieren – kurz fühlt sich vieles wie in der Gewaltsituation (im Dort und Damals) an, und die Orientierung im Hier und Jetzt kann verlorengehen. Zudem werden durch Flashbacks häufig belastende Gefühle wie Angst, Ohnmacht und Verzweiflung wachgerufen (vgl. Spangenberg 2011: 33).

Das bedeutet für mich, dass ich mir sehr schnell Hilfe suchen muss und möchte, Hilfe über die hinaus, die ich bereits habe. Menschen, die sich mit dem Thema auskennen und mir Strategien zeigen können, um mit der traumatischen Erfahrung umzugehen. Weil ich zu große Sorge habe, dass ich es allein nicht schaffe. Dass sich Dinge in mir, in meinem Kopf, irgendwo ganz tief festsetzen.

Und ich merke auch: Ich brauche einen Ort zum Traurigsein!

Ich möchte für mich sein. Zeit haben, um in mich reinzuhören. Meine Traurigkeit nicht zu relativieren, um anderen Sorge zu nehmen. Nur mich spüren.

Ich brauche einen Ort, der sich sicher anfühlt.

Ich habe nicht für möglich gehalten, wie schwer es sein würde, so einen Ort zu finden.

Der erste Weg ist der zur Krankenkasse. Wieder ein Termin. Wieder ein Schritt, der bedeutet, einem fremden Gegenüber zu erzählen, was mir passiert ist. Zu berichten, wie meine Lebenssituation gerade allgemein ist.

Ich habe Glück, der Tisch der Ansprechpartnerin, bei der ich an die Reihe komme, steht nicht mitten im Raum mit direkten Nachbartischen. Sie sitzt am Rand.

Nichtsdestotrotz: Ich muss es aussprechen.

»Ich bin vergewaltigt worden.«

Als ich die ersten Sätze gesprochen habe und sie merkt, wie aufgeregt und emotional aufgewühlt ich bin, gehen wir in ein Nebenzimmer. Sie ist bemüht, aber auch überfordert mit meinem Anliegen.

Ich erhalte eine Liste mit Traumakliniken und den Hinweis, vielleicht doch eher eine Reha zu machen. Da gebe es schöne Orte.

Mir sind einige Aspekte sehr wichtig: Gibt es eine Klinik, in der nur Frauen sind? Die speziell auf so ein Thema ausgerichtet ist?

Der Vorschlag: Wie wäre es mit einer Klinik, in der auch Mutter-Kind-Kuren stattfinden?

Super Idee! Das spricht ein weiteres Thema in meinem Leben an …

Ich möchte auf keinen Fall einen Aufenthalt in einer Mutter-Kind-Kur-Klinik! Ich möchte überhaupt keine Kur – auch wenn mir klar ist, dass die Kosten für eine Reha eine andere Kasse trägt.

Ich brauche Hilfe nach einer Vergewaltigung! Da muss es doch Orte geben. Geschützte Orte. Orte nur für Frauen.

Es kann doch nicht so schwer sein, einen geschützten Ort für Frauen nach Erfahrungen mit sexualisierter Gewalt zu finden.

Doch, das ist es!

Ich recherchiere viel! Diese Suche kostet mich wahnsinnig viel Kraft und erschüttert mich nachhaltig. Es dauert Monate. Zunächst mal zu verstehen, wie das funktioniert, welche Anträge, Formulare ich brauche. Wer mir diese ausstellen kann. Ich sehe mir Kliniken an. Fahre extra dorthin – zum Teil ans andere Ende von Deutschland. Beschäftige mich mit verschiedenen Ansätzen und Konzepten und überlege gemeinsam mit meiner Therapeutin und Anne Roth von LARA, welche Klinik geeignet sein könnte.

Warum ist das so schwierig? Weil ich keinen Ort will, an dem ich Gefahr laufe, dass sich meine Situation verschlimmert. Weil ich Schutz und Vertrautheit suche.

In vielen Kliniken hat man kein Einzelzimmer. Für mich unvorstellbar, mich in so einer Zeit noch abgrenzen zu müssen und mir meinen geschützten Raum in meinem Zimmer zu bewahren.

Wie soll das gehen? Man erzählt sich dann abends vorm Einschlafen von den jeweiligen Therapien? Man ist in seinem eigenen Zimmer mit den Emotionen der anderen konfrontiert und muss auch die eigenen teilen? Das ist mir zu dicht.

In einigen Kliniken ist es üblich, über die Traumata offen, das heißt mit und vor Mitpatient:innen zu sprechen, zu sagen, warum man dort ist, was passiert ist und wie es einem geht. Für mich ebenfalls nicht vorstellbar.

Diese Tat, das, was ich erlebt habe, ist mein wohlgehütetes Geheimnis, etwas, das zunächst einmal nur mich etwas angeht. Und ich entscheide bei jedem Menschen, dem ich davon berichte, sehr genau, ob ich erzählen kann und will. Überlege, welche Auswirkungen diese Information hat, ob jemand mit dem Wissen etwas tun kann, das ich nicht möchte.

Alle Kliniken haben Wartelisten, und es kann viele Monate dauern, bis man einen Platz bekommt. Natürlich gibt es Privatkliniken. Das sind dann oft die schöneren Orte, mit einem größeren Therapieangebot und auch Räumen für Bewegung. Aber die muss man selbst zahlen, und die Kosten sind schwer einzuschätzen, weil ja eine Retraumatisierung im Rahmen der Therapie die Zeit möglicherweise verlängert, und mindestens sechs Wochen selbst zu finanzieren, scheint mir weder möglich noch angemessen.

Wie halte ich das aus und durch? Ich merke, dass ich die Zeit, den geschützten Raum so einer Klinik dringend brauche. Weil die Ver- und Bearbeitung des Erlebten neben einem Alltag, den ich irgendwie führen muss und möchte, sehr schwer ist. Unglaublich anstrengend ist.

Nach einigen Monaten finde ich eine Klinik, die auf mich einen guten Eindruck macht, und sehe sie mir vor Ort an. Eine relativ kleine Klinik, es gibt Einzelzimmer und ein Konzept, das mich sehr anspricht. Sie ist in Bielefeld und nimmt eigentlich vorrangig Patient:innen aus dem näheren Umkreis an. Ich versuche es trotzdem. Schreibe eine Anfrage und erkläre, warum ich gerne in genau diese Klinik kommen würde. Das heißt wieder: mich, mein Anliegen ausdrücken.

Es klappt. Ich komme auf die Warteliste und bekomme, fast genau ein Jahr nach der Tat, dort einen Platz. Das bedeutet, dass ich an dem Tag, an dem sich die Vergewaltigung jährt, an einem geschützten Ort bin. Das ist gut. Warum das eine Rolle spielt, weiß ich nicht. Aber dieses Datum ist für mich auch heute noch sehr präsent und mit Unsicherheit verbunden.

Mein Zimmer versuche ich mir gemütlich zu machen. Habe Lichterketten, Fotos, Karten, Bücher, Glücksbringer, ein Kuscheltier (einen Esel – er trägt viel für mich), Kuscheldecken, Wohlfühlpullis mit. Richte mir eine Tee-Ecke und eine Süßigkeiten-Ecke ein. Es soll alles da sein. Es soll Halt geben. Ich habe ein Einzelzimmer. Eine eigene Dusche. MEINEN Raum.

Und ich habe ein Fenster mit Blick ins Grüne und kann sogar ein bisschen die Vögel hören.

Wie wichtig solche Wohlfühl-Sicherheits-Elemente sind, merke ich immer mehr und immer wieder. Und das Schöne ist: Die kann ich mir selbst geben oder organisieren.

Ich lerne. Der Klinikaufenthalt beginnt mit einer Stabilisierungsgruppe. Ich lerne etwas über Traumatisierung. Das tut gut. Es zu verstehen.

Trauma

Als psychisches Trauma wird ein sehr belastendes, überwältigendes Ereignis bezeichnet, das mit Todesangst einhergeht. Meist erleben Menschen in solchen traumatischen Situationen einen Kontrollverlust und fühlen sich sehr ausgeliefert und hilflos. Die Bewältigungsstrategien des Gehirns werden in diesen als lebensbedrohlich eingestuften Situationen überfordert, sodass der Überlebensmodus einsetzt. Wenn weder die Möglichkeit für Flucht oder Kampf besteht, ist die letzte Schutzmöglichkeit der Psyche die Abspaltung der unaushaltbaren Ebenen der Wahrnehmung, die sogenannte Dissoziation. Hierbei kommt es häufig zur Abspaltung des Körperempfindens, sodass der Körper erstarrt und nicht mehr gespürt wird. Inwieweit nach einem traumatischen Erlebnis psychische Folgeerscheinungen auftreten, hängt neben gesellschaftlichen und anderen individuellen Komponenten auch mit dem Ausmaß der Dissoziation zusammen. Wichtig ist hierbei: Die Reaktion eines Menschen auf ein Trauma, die Art der Traumatisierung, kann sehr unterschiedlich sein und von diesen hier als typisch beschriebenen Mustern abweichen (vgl. Spangenberg 2011, S. 14).

Es ist »normal«, dass man erstarrt! Wenn Kampf oder Flucht nicht möglich sind.

Es ist »normal«, dass ich Erinnerungslücken habe!

Ich kann gar nicht beschreiben, wie wichtig diese Erkenntnisse für mich sind. Einordnen zu können, was Traumata auslösen. Dass bestimmte Phänomene meiner Erinnerung, meines Verhaltens – auch in der Nacht – »normal« sind.

Und tatsächlich gehört die Wissensvermittlung und Aufklärung zum Thema »Trauma« zum Konzept der Traumatherapie. Denn gerade weil ein Trauma so ein extremes Erleben von Ohnmacht und Ausgeliefertsein ist, ist das Wissen über bestimmte Symptome und sich die eigenen Reaktionen erklären zu können, eine wichtige Strategie gegen diese Ohnmacht, nach dem Motto: Wissen ist Macht. (Vgl. Spangenberg 2011: 30.)

Diese »Stabilisierungsphase«, in der es erst einmal darum geht, Traumatisierung zu verstehen, umfasst die ersten sechs Wochen in der Klinik und betrifft nur den ersten Aufenthalt. Diese Anfangszeit der insgesamt drei Monate, die mein erster Aufenthalt in der Klinik bedeutet, ist absolut sinnvoll und bedeutsam für mich.

Ich bin ein kognitiver Mensch. Ich möchte die Dinge begreifen. Das führt dazu, dass ich ganz viel lese und mich eben auch auf genau dieser kognitiven Ebene mit dem Thema Vergewaltigung und Traumatisierung auseinandersetze. Es hilft mir, mich selbst besser zu verstehen, mein eigenes Verhalten und, anders gesprochen, Verständnis für mich zu haben. Ich bekomme einen anderen Zugang zu Reaktionen, die ich bei mir und anderen wahrnehme: Überforderung mit dem Thema. Unsicherheit im Umgang damit. Sprachlosigkeit.

Ich lerne. Den Unterschied von Traumata, die durch »höhere Gewalt« oder äußere Umstände ausgelöst werden (Naturkatastrophen, Unfälle, Krankheiten), versus Traumata, die von Menschen ausgelöst werden (man-made Traumata), das schließt häusliche Gewalt, Überfälle oder eben sexualisierte Gewalt ein. Der Unterschied ist, dass damit verbunden das Vertrauen in Menschen grundlegend erschüttert wird. Eben gerade auch weil es in den meisten Fällen Menschen sind, »von denen man es nicht erwartet«.

Natürlich wirkt sich auch das Alter, in dem man traumatische Erfahrungen macht, aus auf den Grad der Traumatisierung und auf die Möglichkeiten, auf Erinnerungen zuzugreifen, und auch die Häufigkeit, in der man eine Traumatisierung erfährt.

Neben dem Wissen über Formen der Traumatisierung und ihre Ausgestaltung ist für mich das Wissen über die Reaktionen des Gehirns sehr hilfreich. Das ist mein Zugang – zu verstehen, meinen Weg daraus besser ableiten zu können und einen Ausdruck dafür zu finden, was mir passiert und was mit mir passiert ist.

Mit am schwierigsten ist es für mich, zuzulassen und zu verstehen, warum ich diese Erinnerungslücken habe. Warum fehlen mir so wesentliche Momente der Nacht, der Situation? Ich kenne das nicht.

Und ich kämpfe so mit mir und meiner Erinnerung. Lange Zeit und teilweise bis heute. Weil es mir helfen würde zu verstehen, zu erklären vielleicht auch. Weil mein Kopf (tagsüber und in der Nacht) sehr intensiv damit beschäftigt ist, die Situation, den Tathergang zu rekonstruieren. Das ist unfassbar anstrengend! Und es verunsichert massiv.

In besagter Stabilisierungsphase erhalte ich dann eine Erklärung, die mir sehr hilft.

Hirnphysiologische Traumafolgen

Die Erfahrung eines Traumas kann nachweisbare Veränderungen im Gehirn auslösen. Insbesondere im Bereich des Gehirns, der für die Verarbeitung der Umweltreize ständig ist, dem limbischen System, zeigen sich Folgen der Gewalt. Das limbische System hat zwei zentrale Strukturen für die Gedächtnisfunktionen: den Hippocampus und die Amygdala (Mandelkern). Der Hippocampus ist als eigentliche Gedächtnisstruktur für die Alltagserinnerungen zuständig, die neutral berichtet und lebensgeschichtlich eingeordnet werden können. Wenn der Reiz zu intensiv und überfordernd ist, wie das bei traumatischen Erfahrungen der Fall ist, wird der Hippocampus jedoch deaktiviert und dafür die Amygdala, der sogenannte Feuermelder des Gehirns, aktiviert. Der Sinn dieses Vorgangs besteht in einer Schutzfunktion. Die Aktivierung der Amygdala zeigt die Gefahr der gespeicherten Erfahrung an. Die traumatischen Inhalte werden so allerdings als bruchstückhafte, das heißt dissoziierte Gefühle, Bilder oder körperliche Reaktionen gespeichert – nicht aber als konkrete Ereignisse im Zusammenhang mit der äußeren Realität. Es kann so eine »hippocampale Amnesie« entstehen, das heißt, es besteht keine Erinnerung an die konkrete Situation.

Um die Verarbeitung von traumatischen Erfahrungen zu ermöglichen, wird daher versucht, sie unter Aktivierung des Hippocampus erneut abzuspeichern. Das heißt, dass sie unter sicheren Bedingungen ohne Todesangst abermals durchlebt werden (z. B. in der therapeutisch begleiteten Vorstellung).

Sicherlich gibt es viele Erklärungen, neurowissenschaftliche und therapeutische, um das Vorgehen im Gehirn nach einer traumatischen Erfahrung zu erklären. Für mich ist es diese Erklärung, die mir geholfen hat, sie hat keinen Anspruch auf Allgemeingültigkeit.

Ich lerne: Es passieren Abläufe und Reaktionen in bestimmten, eben traumatischen Situationen, die wir gar nicht aktiv beeinflussen können. Das Gehirn schaltet auf eine Art Autopilot. Das beinhaltet auch das Verhalten: kämpfen, flüchten oder eben sich totstellen. Das sind Überlebensstrategien.

Ich lerne. Traumatherapie verläuft in drei Phasen: erstens Stabilisierung, zweitens Traumakonfrontation, drittens Integration. Wann man von einer in die nächste Phase kommt, ist sehr unterschiedlich.

Die Therapie in der Klinik hat verschiedene Anteile, die sich, je nach Anforderungen der Patient:innen, immer etwas anders im konkreten Therapieplan abbilden. In meinem Fall ist es eine Kombination aus Einzeltherapie und Kunst- und Körpertherapie in der Gruppe.

Es ist oberstes Gebot, sich unter den Patient:innen nicht über die jeweiligen Traumata auszutauschen. Ich halte das für absolut wichtig – allein, um Trigger zu vermeiden.

Ich empfinde die Zeit in der Klinik als großes Geschenk! Nicht nur, weil ich alle Beteiligten als hochprofessionell und sensibel erlebe. Einfach auch, weil es möglich ist, solche Angebote anzunehmen. Ich kann in eine Klinik gehen und mich dort über verschiedene Therapieangebote und -formen mit der eigenen Situation und den gemachten Erfahrungen auseinandersetzen. Es geht nur um mich, und ich bekomme den Raum, meine Ängste, Sorgen und Fragen auszusprechen. Geschützt. Umgeben von professioneller Begleitung, die mir hilft, Stabilität zu bekommen. Und ich erhalte auf diese Weise »von außen« deutlich eine Art Erlaubnis dafür, dass ich mich fühle, wie ich mich fühle. Dass all meine Unsicherheiten und Ängste so sein dürfen.

Ein Jahr nach der Tat kann ich diesen inneren Kampf ansprechen und sortieren – den Erwartungen von »außen« gerecht werden zu wollen und diese in einem krassen Kontrast zu meinen Gefühlen und emotionalen Möglichkeiten wahrzunehmen.

Einerseits immer wieder die starke, wütende und für Gerechtigkeit kämpfende Frau sein zu wollen. Weil ich doch genau diese Erwartungen auch an Freundinnen/Frauen gehabt hätte, bevor ich selbst erlebt habe, wie ich mich fühle. Und gleichzeitig zu spüren und zuzulassen, dass ich so verängstigt bin, dass ich gar nicht in der Lage bin, zu kämpfen – zumindest nicht diesen juristischen Kampf. Wieder glücklich zu sein, ist aktuell Kampf genug!

Und dass mir das erneut und aus professioneller Perspektive erlaubt wird. Dass es nicht nur »in Ordnung«, sondern wichtig ist, erst mal alle Energie daranzusetzen, dass ich wieder stabil werde. Dass ich einen Weg finde, diese Tat in mein Leben zu integrieren.

Insbesondere in der Kunsttherapie (was ich überhaupt nicht für möglich gehalten hätte) kann ich dieser Zerrissenheit Raum geben.

Sich zwölf Wochen in so einen Prozess zu begeben, erfordert auch, nach außen Erklärungen für all diejenigen zu finden, die nichts von der Vergewaltigung wissen. Und das sind einige Menschen im privaten wie beruflichen Kontext. Einfach weil es mir gar nicht möglich ist, alle mit meiner Situation, mit dem Elefanten zu konfrontieren und gefühlt auch zu belasten.

Es ist eine unglaublich anstrengende, intensive Zeit!

Es ist alles andere als einfach, sich darauf einzulassen. Es ist nicht einfach, das Zuhause, den geschützten Ort, für so lange Zeit zu verlassen, und doch ist es meine Empfehlung, sich diese Zeit zu nehmen. Ich lerne so viel. Fachlich, aber auch, meine Grenzen zu setzen, bei mir zu bleiben. Hilfe anzunehmen.

Ich lerne. Besser zu verstehen und mich auf diversen Ebenen mit der Tat auseinanderzusetzen. Inklusive unglaublich schwerer und anspruchsvoller EMDR-Sitzungen.

Ich arbeite, lasse mich ein.

Traumabehandlung und Glaubwürdigkeit

EMDR *(Eye Movement Desensitization and Reprocessing,* auf Deutsch: »Desensibilisierung und Verarbeitung durch Augenbewegungen«) ist eine besondere psychotherapeutische Technik, die für die Verarbeitung von Traumafolgen entwickelt wurde. Dabei wird zunächst, wie bei einer Traumatherapie üblich, das Trauma und die auslösende belastende Situation aus der Vergangenheit besprochen und analysiert. Anschließend versetzt sich die betroffene Person gedanklich in die schlimmste Szene der traumatischen Situation, während er:sie mit dem Blick schnell zwischen links und rechts pendelt. Durch die seitlichen Augenbewegungen werden beide Hirnhälften stimuliert und die in der Amygdala gespeicherten Bilder und Situationen können von den belastenden Gefühlen entkoppelt und in der Zeitleiste des Hippocampus integriert werden. Auf diese Weise kann es gelingen, dass der »Feuermelder« Amygdala in Zukunft keine Fehlalarme (»Flashbacks«) mehr auslöst.

EMDR ist eine der wenigen traumatherapeutischen Methoden, die wissenschaftlich anerkannt sind und von der Krankenkasse finanziert werden. Führende Traumakliniken verwenden EMDR, um ihren Patient:innen zu helfen. Dabei kann es – wie bei Jana Baumann passiert – dazu kommen, dass die Patient:innen vor der Behandlung mit EMDR eine Erklärung darüber unterschreiben müssen, dass sie darüber aufgeklärt wurden, dass die Behandlung sich negativ auf ihre Glaubwürdigkeit in einem möglichen zukünftigen Strafprozess auswirken könne.

Das lässt stutzen! Da erlebt jemand eine gewaltvolle Situation, entwickelt deshalb Symptome und kümmert sich um eine Behandlung mit einer wissenschaftlich anerkannten Methode, um die Beschwerden loszuwerden. Und dann wird durch ebendiese Inanspruchnahme der Behandlung die Glaubwürdigkeit der betroffenen Person verringert. Es besteht also die Möglichkeit, dass bezweifelt wird, dass die Gewalt, der Ursprung des Leidens, weshalb die Behandlung überhaupt in Anspruch genommen wurde, wirklich passiert ist. Das klingt absurd. Leider ist es tatsächlich genau so!

Denn in der Aussagenpsychologie werden viele Inhalte der Traumaforschung der letzten Jahrzehnte konsequent ignoriert oder für falsch erklärt. Unter anderem gilt die Inanspruchnahme einer Behandlung als eine mögliche Quelle von Pseudoerinnerungen (sogenannte Suggestionen), die durch äußere Einflüsse generiert und dann in die eigene Erinnerung integriert werden (vgl. Volbert 2010: 31). Der Unterschied zwischen Suggestion und Lüge besteht darin, dass die Person, der etwas suggeriert wurde, selbst daran glaubt. Damit ist die Suggestion immer nur von außen feststellbar und kann schwer von der Person, der potenziell etwas suggeriert wurde, bewiesen oder widerlegt werden. Der Verdacht auf Suggestion erhärtet sich nach der geltenden Aussagepsychologie, wenn eine Person Kontakt mit vernehmenden Beamt:innen, Therapeut:innen, Kindergärtner:innen oder Lehrer:innen hatte, wenn »aktiv nach verschütteten Erinnerungen gesucht«, sich intensiv mit der Thematik beschäftigt und wenn besondere Zuwendung und Anerkennung bei den Berichten von der Erinnerung erlebt wurde (vgl. ebd.: 55 ff.; Steller 2015: 27).

Wenn also eine Person nach einer Vergewaltigung diese anzeigt, sich therapeutische Hilfe sucht und ihr Umfeld sich ihr nach der Gewalterfahrung unterstützend zuwendet, erfüllt sie durch ihr Hilfesystem Kriterien für Suggestibilität und ist dadurch potenziell weniger glaubwürdig. Somit trägt die Aussagenpsychologie höchstwahrscheinlich dazu bei, dass weniger Betroffene sich für eine Anzeige entscheiden (vgl. Mader et al. 2019: 121 – 140).

Erleben nach den EMDR-Sitzungen: Ich bin kraftlos. Kurzatmig. Muss würgen, mich übergeben. Das musste ich in der Nacht auch. Ich erinnere mich, wie ich gekrümmt vor dem Klo saß. Zwischen Dusche und Klo. Unentschlossen, was ich tun soll. Mir ist schlecht. Immer wieder begegnen mir diese Phänomene: Mir ist schlecht, ich bekomme keine Luft.

Nach solchen Sitzungen tut mir mein ganzer Körper weh. Es fühlt sich an, als hätte mich ein Lkw überfahren. Es sind unglaubliche physische Schmerzen, und mich ereilt eine wahnsinnige Erschöpfung im Nachgang.

Dieser ganze Prozess – also die therapeutische Auseinandersetzung und Konfrontation mit den eigenen Erinnerungen an die Tat – ist unglaublich anstrengend. Dessen sollte man sich bewusst sein. Es ist wirklich Arbeit. Und es erfordert viel Einsatz – auf allen Ebenen.

Es gibt etliche Wege in der Klinik, mit diesen Reaktionen innerhalb der Therapie umzugehen. Ganz klassisch medizinisch, also mit Medikamenten. Aber auch solche, die ich zunächst nicht sehe. Aromatherapie: Verschiedene Düfte helfen mir in Panikmomenten. Körpertherapie: mich Gefühlen wie Angst und Wut auf neue Form und Weise zu stellen, zu hinterfragen, warum mir einige Gefühle schwerfallen, was gelernte Reaktionsmuster in mir verursachen.

Sich auf die verschiedenen therapeutischen Angebote einlassen. Daran glauben, dass es mir hilft.

Aber auch einfach an einem Ort sein, an dem jedwede Reaktion o. k. ist.

In der Klinik lerne ich viele Methoden und Werkzeuge kennen, um mit Angst und Panik, Sorge und Unsicherheit umzugehen. Freue mich, dass ich intuitiv auf meinen eigenen Weg vertraut habe. Habe wunderbare Menschen an meiner Seite und lerne auch dort welche kennen, die mich in dieser Zeit begleiten. Weil sie zwar ganz anders verursachte, aber ähnliche Phänomene erleben – und zwar völlig losgelöst davon, was sie sonst in ihrem Leben sind.

Ich war schon früher viel in Kliniken. Und es hat immer geholfen, zu spüren, mit dem eigenen Schicksal nicht allein zu sein. Auch wenn sich die jeweiligen Umstände unterscheiden. Wenn jedes Thema anders ist. Man teilt etwas. Und zwar nicht die konkrete Geschichte beziehungsweise den Inhalt der Traumatisierung, sondern einfach die Tatsache, dass etwas ins Leben gekommen ist, mit dem man einen Umgang finden möchte, um zu heilen. Da sind plötzlich andere Menschen, die auch Hilfe benötigen. Warum auch immer. Egal. Man ist nicht allein.

Es ist mir schnell klar, dass ich wiederkommen werde. Ich denke sehr dankbar an diese Zeit zurück.

Ursachenforschung

Natürlich war und ist eine der wesentlichen Fragen, die mich beschäftigen: WARUM? Warum hat er das getan?

Ich habe ihm doch gar keinen Grund gegeben. Warum tut er mir das an?

Auch hier werde ich damit konfrontiert – auch über die Reaktionen anderer –, mir klar zu werden, dass die ersten Impulse nicht funktionieren. Es geht nicht um Sex. Es geht nicht um Leidenschaft. Es hat überhaupt nichts damit zu tun.

Sex kann in den verschiedensten Konstellationen und auch Ausrichtungen stattfinden. Gerade Alkohol kann enthemmen, kann uns Dinge tun lassen, die wir nüchtern nicht tun oder die wir nüchtern bereuen würden.

All das habe ich schon erlebt und bin fern davon, zu behaupten, jeder Sex oder One-Night-Stand hätte mir immer super gefallen und am nächsten Tag ein gutes Gefühl hinterlassen.

Aber das ist alles ganz weit entfernt von einer Gewalttat – von einer Vergewaltigung.

Das kann ich mit Sicherheit sagen!

Und auch Menschen, die sagen, dass er vielleicht jemand sei, der härteren Sex möge – vielleicht ein Sadomaso-Typ … Das sind ganz klägliche Versuche, sein Handeln zu relativieren. Denn gerade im Bereich des Sadomasochismus ist die Übereinkunft und Vereinbarung zu dieser Form der Sexualität eine Grundvoraussetzung, damit es Spaß macht und Sicherheit vermittelt.

Und darum sollte es doch gehen. Es sollte eine gemeinsame Entscheidung für ein schönes (wie auch immer geartetes) Erlebnis sein.

Eine Vergewaltigung ist das Gegenteil! Es bedeutet, sich massiv über die Grenzen und Entscheidungen des Gegenübers hinwegzusetzen. Es bedeutet auch keine Freude am Sex. Es hat im Grunde überhaupt nichts mit Sex zu tun. Es ist eine Machtdemonstration. Es ist pure Erniedrigung.

»Frauen mögen alles Mögliche wollen, vielleicht wollen auch einige beim Liebesspiel geschlagen werden, sie wollen aber bestimmt nicht vergewaltigt werden, denn Vergewaltigung ist Gewalt – *gegen den Willen der Frau.*«

Karin Howard[3]

Ich habe die ganze Zeit gesagt: »Bitte nicht!« Ich habe geweint.

Nichts davon signalisiert auch nur ansatzweise Lust.

Es gibt einen Grund, warum man es »sexualisierte Gewalt« und nicht mehr »sexuelle Gewalt« nennt. Weil Sex hier zwar das Mittel, aber nicht das Motiv ist. Jemand nimmt sich die Macht, über den anderen Körper zu entscheiden. Und damit verletzt eine Vergewaltigung nicht nur den Körper der anderen Person, sondern auch ihr Selbstbestimmungsrecht über den eigenen Körper.

Macht

»Macht wird meist als Herrschaftsform beschrieben, verortbar, fokussierbar, personalisierbar, Macht als repressiv und vertikal, abwärts. Macht als Instrument, das der Absicht, dem Willen, der Lust der Autorität dient, Macht als die Macht einer Person, eines Geschlechts, einer Klasse, einer exklusiven Kaste, Macht als negative Macht, die unterdrücken, verhindern, manipulieren, benutzen, verletzen, zerstören kann ohne Furcht, ohne Strafe, ohne Folgen, die Macht des Produzenten, die Macht des Abteilungsleiters, die Macht des Intendanten am Theater, des Priesters, die Macht des Schichtführers.

Macht, die die Bedürfnisse anderer brechen kann, Macht, die andere demütigen kann, Macht, die Anerkennung entziehen, Honorare begrenzen, Rollen besetzen, Zugänge verschließen kann.

Das ist so richtig wie unterkomplex.

Das ist die Vorstellung von Macht, die zu Slogans wie dem des französischen #MeToo-Diskurses führt: ›*Balance ton porc*‹ (›Verpfeif dein Schwein‹).

Herrje … Kaum zu entscheiden, welches Wort am unpassendsten, aber sicher, welches am fatalsten ist: das ›dein‹ – damit wird die verletzende Erfahrung erneut in die eigene Subjektivität eingeschrieben, nicht nur die Tat, auch der Täter wird dem Opfer zugeordnet, ›mein‹ Täter, ›mein‹ Vergewaltiger, ›mein‹ Belästiger.

›*Wounded attachment*‹ hat die politische Theoretikerin Wendy Brown das genannt, die Anbindung an die eigene Verwundung. Dabei ist es genau das, was sich lösen müsste, woraus man sich herauslösen und befreien will, aus dem Zugriff der Macht.«
Carolin Emcke[4]

Was den oder die Täter:in dazu gebracht hat, diese Gewalt auszuüben, ist eine Frage, die mich immer wieder beschäftigt. Der Versuch, das Warum besser zu verstehen. Aber es ist nicht die Zeit dafür. Es lenkt den Blick auf ihn, auf den »Täter«, und dabei arbeite ich gerade mit viel Kraft daran, ihn weniger in meinem Leben zu haben, ich möchte weniger an ihn und sein Handeln denken müssen.

Ich habe jetzt genug damit zu tun, aus dem traurigen, verletzten Mädchen eine wütende, mutige Frau zu machen.

Ich muss und möchte mich erst mal um mich kümmern!

Im Zweifel gegen die Zeugin

Ich bekomme eine Anwältin in München empfohlen. Sie war lange Zeit Strafverteidigerin. Kennt also die andere Seite. Jetzt vertritt sie die Gewaltbetroffenen. Ich mache mich mit dem Zug auf den Weg nach München.

Sich in die Öffentlichkeit begeben, an Bahnhöfen sein, Zug fahren ist nach wie vor ein schwieriges Thema. Den Bahnhof permanent scannen. Am besten eine Kapuze, hinter der ich nicht so sichtbar bin. Ganz hinten in der zweiten Klasse einsteigen. Da ist die Wahrscheinlichkeit am geringsten, auf Geschäftsleute zu treffen.

Aber diese Fahrt ist wichtig. Die Anwältin macht einen sehr kompetenten Eindruck. Ich bin aufgeregt.

Und wieder all die Fragen: Ist es das wert? Was will ich erreichen? Was steht auf dem Spiel? Wird es meine Situation verbessern? Was bedeutet es für mich? Für meinen Job? Was bedeutet ein Urteil? Egal welches.

Ich habe noch nie jemanden angezeigt, verklagt – ich habe keinerlei Erfahrung mit der Justiz! Kenne all das nur aus Film und Fernsehen.

ICH HABE ANGST!!!!!

Und andererseits bietet es vielleicht die Chance, aufzuräumen und abzuschließen. Das wäre sicher gut.

Dann wird etwas Neues kommen. Aber was? Und wann? Zu welchem Preis?

Ich möchte das gar nicht in meinem Leben haben. All diese Fragen und Entscheidungen.

Ich möchte das nicht!!! Das waren auch meine Worte in der Nacht – immer und immer wieder.

Ich möchte das nicht! Bitte nicht!

ER hat entschieden. Er hat immer weitergemacht.

Warum scheue ich mich so vor einer Anzeige?

Ich möchte gerne aufstehen und stark sein, möchte laut sagen, dass er schuldig ist, möchte verhindern, dass er das anderen antut!

Möchte für MICH aufstehen, für Gerechtigkeit – weil er doch jetzt nicht einfach sein Leben weiterführen kann, als wäre nichts gewesen!

Und dann kommen wieder die Zweifel: Was habe ICH vielleicht falsch gemacht?

Im Grunde aber nur der Wunsch, dass das alles gar nicht passiert wäre, dass all die Schritte nicht notwendig wären.

Ich hoffe sehr, dass die Anwältin mir Sicherheit geben kann. Hoffe sehr, dass der Weg wieder ein Stück klarer wird.

Die Anwältin ist toll. Sie ist groß und sieht aus wie eine Ruderin. Das vermittelt mir Stärke und Schutz. So jemanden brauche ich an meiner Seite!

Wieder viele Fragen. Wieder zurück in die Nacht. Wieder alles erzählen.

Und wieder die Konfrontation mit der juristischen Realität. Und wieder nimmt es mir den Atem. Ich bekomme nicht gut Luft. Diese Symptome begleiten mich seit der Tat. In Momenten, in denen ich das Gefühl habe, dass man mir die Stabilität nimmt, in denen ich mich so wenig als Person gesehen und mit einer uneinschätzbaren Situation konfrontiert sehe, bekomme ich schlecht Luft. Wird mir schlecht. Ich möchte gerne raus oder ans Fenster und Luft bekommen.

Fühle mich hilflos, eingeschüchtert. Kein gutes Gefühl, um in einen Kampf, einen Prozess zu gehen.

Und insgesamt immer wieder das Gefühl, dass es bedeutet, sich auf ein Spiel einzulassen, dessen Regeln ich nicht beherrsche und das meinen Überzeugungen absolut widerspricht. Zumindest in Hinblick darauf, was ich zu Prozessen zu und zum Umgang mit »Straftaten gegen die sexuelle Selbstbestimmung« erfahre.

JEDER TERMIN BEI EINER ANWÄLTIN FÜHRT DAZU, DASS ICH INFORMATIONEN ERFAHRE, DIE MIR ALLE SICHERHEIT, ALLE ZUVERSICHT, ALLEN GLAUBEN AN GERECHTIGKEIT NEHMEN!!!

Und das liegt nicht an den Anwältinnen. Das liegt am System und den Strukturen.

Gerichtsprozess aus der Perspektive von Betroffenen

»Immer noch werden in Gerichtsverhandlungen intimste Fragen zu allen Lebensbereichen gestellt, etwa zum gesamten Vorleben, zu sämtlichen Sexualpartner*innen und -praktiken,

zu Freund*innen und Verwandten und Bekannten, einfach allem Erdenklichen, was irgendwie geeignet sein könnte, Zweifel zu säen. Immer wieder kommt es vor, dass Zeug:innen als Lügner*innen beschimpft, verlacht oder verunsichert werden, sie werden verächtlich oder herablassend befragt, oder es werden einfach Behauptungen in den Raum gestellt, die vor allem dazu geeignet sind, die Zeug:innen aus der Fassung zu bringen wie etwa: ›Könnte es auch daran liegen, dass Sie häufig sexuelle Erlebnisse später bereuen?‹, oder ›Wenn Sie schon lange keinen Sex mehr hatten, dann waren Sie womöglich einfach von der Situation überfordert, dass endlich mal einer ernst machte, oder?‹. Gern werden auch Fragen gestellt wie: ›Trinken Sie häufig zu viel?‹, ›Haben Sie sich oft nicht unter Kontrolle?‹, ›Bereuen Sie häufig etwas, was sie kurz vorher wollten?‹. Frauen wird unterstellt, sich durch das Verfahren das alleinige Sorgerecht erschleichen zu wollen oder endlich keinen Umgang mehr gewähren zu müssen, oder dass sie einfach mal ihren Vorgesetzten fertigmachen wollen, der sie nicht befördert habe. Auch welch unglaublich finanziellen Vorteil die Verletzten aus der Falschbeschuldigung zögen, wird behauptet. Dabei ist das Gegenteil der Fall. Die Regel ist, dass anzeigenden Frauen nicht geglaubt wird, dass sie einen Spießrutenlauf vor sich haben und die Wahrscheinlichkeit, dass sie am Ende des Verfahrens ein weiteres Mal Missachtung erfahren haben, leider größer ist, als dass am Ende ein Vergewaltiger angemessen bestraft wird. (…)«
Christina Clemm[5]

Es ist die zweite Anwältin und wieder eine neue Information: Jeder Strafprozess ist öffentlich. Ich kann nicht beeinflussen, wer in dem Saal sitzt, ich kann auch nicht beeinflussen, was darüber berichtet wird. Wer sitzt in diesem Saal? Mit welchem Interesse? Schulklassen? Reporter:innen einschlägiger Zeitungen, die nur darauf aus sind, Skandale zu produzieren? Was passiert dort mit mir? Wie werde ich dar- bzw. bloßgestellt? Kann meine Geschichte benutzt werden und ich plötzlich Statistin in einer ganz anderen medialen Geschichte sein?

Und das ist eines der für mich ganz großen Probleme: Der juristische Weg scheint all meinen Bemühungen um innere Sicherheit und Stabilität entgegenzuwirken.

Die Erfahrung der Vergewaltigung hat für mich bedeutet, die Kontrolle über eine Situation zu verlieren, in der ich überhaupt nicht damit gerechnet hatte. Sicherheit und Selbstbestimmtheit sind für mich ganz wichtige Säulen, um in meinem Alltag zu agieren. Und auf einmal sind diese Säulen völlig unvorhersehbar zerstört worden. Ich habe nicht nur das Vertrauen an einen selbstverständlich respektvollen Umgang miteinander brutal verloren. Ich habe auch erfahren, dass ich mich selbst nicht schützen konnte. Ich frage mich immer wieder, was ich übersehen habe, ob ich zu naiv bin, wann und wie ich besser auf mich hätte aufpassen können und müssen.

Und jetzt soll ich die Kontrolle über diesen Prozess, über eine Erfahrung, die mich im Innersten erschüttert und verletzt hat, abgeben? Bin ich plötzlich nur Zeugin in einem Rahmen, der auf hierarchischen und patriarchalen Strukturen fußt? Wie soll das gehen?

Ich will und muss mich schützen und kann mich unmöglich (gefühlt) schutzlos in diese Arena begeben. Das wird mich kaputtmachen. Da bin ich mir ganz sicher. Und wenn es nicht der Prozess selbst, die Erniedrigung durch mögliche Fragen, die an sich schon unglaublich harte und faktische juristische Sprache sind, die mich persönlich verstören könnten, so wäre es das Wissen, Teil einer Maschinerie zu sein, die mir – je mehr ich mich damit beschäftige, zunehmend – so unmenschlich erscheint. Das kann ich nicht. Das nimmt mir die Luft.

Der Termin bei dieser zweiten Anwältin liegt nach #MeToo. Es ist nun einige Wochen her, dass die Welt sich damit konfrontiert gesehen hat, dass Frauen (sehr öffentliche Frauen) auf einmal sprechen, anklagen, sich positionieren. Gegen Sexismus, gegen sexualisierte Gewalt, gegen ein männer- und machtdominiertes Business.

#MeToo* beziehungsweise wie sich die Debatte anfühlt, die die Gesellschaft dazu führt

Es ist im Oktober 2017 und damit einige Zeit nachdem ich selbst vergewaltigt wurde. Auf einmal taucht dieses Thema auf und ist überall.

Spätestens nachdem Alyssa Milano im Oktober 2017 über Twitter Menschen auffordert, sich mit dem Hashtag »MeToo« zu melden, wenn sie sexuelle Belästigung oder sexualisierte Gewalt erfahren haben. In den ersten 24 Stunden wurden mehr als 12 Millionen Tweets mit dem Hashtag #MeToo und darin Beiträge von Betroffenen sexualisierter Gewalt veröffentlicht (vergl. Agota Lavoyer, S. 32).

Das Thema wird international aufgegriffen – auch wenn Harvey Weinstein im Fokus der Debatte steht. Es ist, losgelöst von diesem einzelnen Täter, eine Bewegung, die in Hollywood ihren Ursprung nimmt und dann schnell auch die Musikindustrie, die Wissenschaften und die Politik betrifft.

---

* *#metoo ist ursprünglich eine Initiative der Bürgerrechtsaktivistin Tarana Burke, die sich für Solidarität zwischen Betroffenen von sexualisierter Gewalt in der Schwarzen Community einsetzt.*

Unglaublich! Gut! Endlich!

Weil es das Thema gibt, und nun endlich taucht ein Kanal auf, der es erlaubt zu sprechen. Der sichtbar macht, was so viele wissen, erleben und beobachten.

Mit all den Konsequenzen, die es eben für diejenigen, die es aussprechen, bedeuten kann.

Aber das Sprechen ist nicht schuld. Die Täter:innen sind schuld.

Und so sehr mich diese Bewegung erfreut und so sehr wir noch heute sicherlich alle von dieser Debatte profitieren, so sehr ist es doch auch etwas, das mich zu dieser Zeit in großem Maße irritiert.

Denn.

Wenige Monate zuvor habe ich tatsächlich sexualisierte Gewalt erfahren.

Ja, Sexismus gibt es schon viel länger, ist mir häufig begegnet. Beruflich (überwiegend) und privat. Aber das war halt so. Weglächeln. Was soll man machen? Wo soll man anfangen? Wen interessiert das?

Auf einmal ist es von Interesse. Auf einmal wird etwas sichtbar. Auf einmal taucht das Thema ÜBERALL auf.

Auf einmal bin ich irgendwie Teil davon. Also nicht nur irgendwie, sondern sehr konkret. Wirklich.

Auf einmal haben alle eine Meinung dazu. Auf einmal wissen Männer und Frauen, wie man sich zu verhalten hat, was zu tun ist. Was »Opfer sein« und »sich zum Opfer machen« bedeutet.

Wo waren all diese Expert:innen vorher?

Ich fühle mich immer noch taumelnd zwischen vielen Welten: die Tat akzeptieren, Halt in meinem Leben finden, einen Weg sondieren, juristische Fragen klären. Warum ich? Ich habe mich nie in einer der möglichen »Opfer«-Kategorien gesehen.

Ist genau das das Problem? Wir sehen uns nicht darin? Als potenzielle »Opfer«? Und wir erleben die Typen um uns herum nicht als Täter? Also, zumindest nicht in letzter Konsequenz.

Und auf einmal sind es so viele Betroffene. Woher kommt dieses große Interesse, diese große Betroffenheit plötzlich?

Man kennt das: Man überlegt sich, ein rotes Auto zu kaufen, und auf einmal fahren alle rote Autos … Selektive Wahrnehmung. Aber das hier ist anders. Es ist plötzlich in unser aller Leben. Nicht nur bei Twitter, sondern in allen denkbaren Medien.

Was bedeutet das? Wenn ich jetzt spreche, bin ich dann auf den #MeeTo-Zug aufgesprungen? Erzähle ich jetzt, weil alle erzählen? Fördert das die Glaubwürdigkeit oder schadet es ihr? Will ich diese Form der Öffentlichkeit?

Die Prozesse finden öffentlich statt. Das sagte die Anwältin, und sie sagte auch, dass immer irgendein lokaler Reporter dabeisitze.

Was bedeutete in diesen Zeiten *»Angestellte wurde von männlicher Führungskraft eines Unternehmens vergewaltigt«?* Es scheint mir, als wären sie regelrecht auf der Suche nach einem solchen »Fall« in den Medien. Endlich etwas weiteres Handfestes neben neben den Vorwürfen gegenüber Dieter Wedel, die letztlich wegen seines Todes nicht mehr endgültig geklärt wurden. Der Fall bietet sich an. Ich will das nicht sein.

An wen wird dabei gedacht? Worum geht es den Medien, der Öffentlichkeit? Um mich? Ich denke nicht.

Kann ich das verhindern? Die Anwältin: »Nein. Ich kann maximal bewirken, dass Sie Ihre Aussage unter Ausschluss der Öffentlichkeit machen, aber auch das ist ungewiss. Der Prozess ist öffentlich. Sollte es auch sein.«

Ja, ja … Klar, theoretisch alles sinnvoll. Weil es eben ein Strafrechtsprozess ist. Also ein Prozess, den der Staat führt. Das weiß ich bereits. Dann sollte es öffentlich sein.

Aber hier geht es um mich! Hier geht es um eine wahnsinnig intime Situation!

Das Grundproblem der Anzeige ist für mich (und wird es mit jeder Information, die ich dazu erhalte, mehr), dass ich das Gefühl bekomme, dass es dabei nicht um die Tat und um mich und den Einzelfall geht. Sondern dass ich Teil eines Systems werde. Dass es nicht um mich geht, sondern um »das Verhalten von Frauen«. Dass es nicht darum geht, dass der Typ angeklagt wird, sondern darum, dass ich beweisen muss, dass ich ein »unschuldiges Wesen« bin.

Und mit #MeToo zieht für mich auch die Gefahr auf, dass es ein Fall ist, der medial (aus)genutzt werden könnte. Das ist das Letzte, was ich denke aushalten oder glaube bedienen zu können.

Es sollte nicht um mein bisheriges Leben, nicht um #MeToo gehen. Ich denke, es muss doch möglich sein, dass es »nur« um die Tat geht. Egal, wie ich die knappen 40 Jahre vorher gelebt habe, was ich getan oder nicht getan habe. Egal, was alle anderen erlebt haben.

Was macht mich glaubwürdig? Was macht mich unglaubwürdig?

Es geht darum, dass ich vergewaltigt wurde! Es geht darum, dass jemand mein NEIN nicht gehört oder akzeptiert hat. Dass ich das zu keiner Zeit wollte, provoziert oder für richtig gehalten habe.

Und es geht darum, dass er es trotzdem getan hat. Dass er all meine NEINs ignoriert hat, dass er mich bedroht und erniedrigt hat. Er hat mich nicht gehört, er hatte einen Plan, er hat mich gewürgt! Ich wollte das nicht, nichts davon, zu keiner Zeit!

Es muss in so einem Prozess doch bitte um ihn gehen! Es muss um seine Motivation gehen, mir das anzutun.

Warum ist das scheinbar aber nicht so? Es ist mir bis heute nicht klar. Aber es ist mein dringlicher Wunsch, dass Gerichte, dass die Polizei, dass alle offiziellen Instanzen den Fokus *darauf* richten. Darauf, dass *er* das getan hat. Er müsste sich doch rechtfertigen! Aber nein – er muss theoretisch nicht einmal vor Gericht aussagen.

Und wenn ich dann darüber lese, wie (und wie langsam) sich Justiz verändert, dann habe ich wirklich sehr wenig Glauben daran, dass mir ein Prozess hilft. Sehr wenig Glauben daran, dass ich daraus gestärkt hervorgehe. Ganz im Gegenteil.

Anforderungen an den:die Angeklagten:e in Gerichtsprozessen

Angeklagte eines Offizialdelikts haben die Pflicht, zu der Zeug:innenvernehmung und zu den Verhandlungsterminen zu erscheinen. Sie können Aussagen zu den ihnen angelasteten Beschuldigungen machen. Sie können aber auch von ihrem Aussageverweigerungsrecht (§ 136 StPO) Gebrauch machen und müssen sich dann zu dem Strafbestand nicht äußern.

Es stimmt, die Tatsache, dass #MeToo in die Welt gekommen ist, hat meine Idee, anzuzeigen, eher geschwächt als gestärkt. Damals, in dieser ganz spezifischen Situation, in der ich vor allem überrascht und überfordert damit war, dass das Thema auf einmal so viele Stimmen und Meinungen, so viele (Vor-)Urteile hat und solch eine Dynamik aufnimmt.

Und ich muss und möchte an dieser Stelle auch explizit erwähnen, wie unfassbar mich einzelne Standpunkte enttäuscht, irritiert und, ja, auch wütend gemacht haben. Das war und ist für mich teilweise ganz schwer zu ertragen.

Wenn namhafte Frauen (die sich als Feministinnen bezeichnen) meinen, zu wissen, wie man sich als »Opfer« verhält oder verhalten sollte, dann frage ich mich wirklich, wie sinnvoll ein theoretischer Diskurs darüber ist. Und damit meine ich nicht, dass es nicht auch wichtig sein kann, der Debatte verschiedene Ansichten und Konzepte zur Verfügung zu stellen. Aber wenn man sich ein bisschen mit der Geschichte des Themas beschäftigt, wird klar, wie tief bestimmte Bilder sitzen. Und diese Bilder und Geschichten prägen uns – bis heute.

Ich denke, es ist viel schlauer, die Menschen zu Wort kommen zu lassen, die konkrete Erfahrungen gemacht haben, die erklären können, warum die Ratio in solchen Situationen leider *nicht* das Verhalten steuert. Eben weil die Situation nicht rational *ist.* Und auch die Stimmen all derer, die Betroffene von sexualisierter Gewalt begleiten, sollten mehr gehört werden – die Therapeut:innen, Beratungsstellen, Anwält:innen …

Und wie viel wertvoller wäre es, zu versuchen, die Mechanismen zu verstehen, als Frauen (Menschen), die sich solchen Situationen ausgeliefert sehen, zu verurteilen?

Diese Meinungen auszuhalten und plötzlich überall zu hören, war und ist wirklich schwierig. Und staunend beobachte und vernehme ich, wie schnell auf einmal (auch von Frauen) Position für diese vielen jetzt plötzlich angeklagten Männer bezogen wird. »Diese armen Männer verlieren ihre Jobs«, ist der Schutzimpuls.

Echt jetzt?

Das ging schnell. Und absolut: Es soll niemand zu Unrecht verurteilt werden, weder von Gerichten noch von der Öffentlichkeit, und ja, Gerichte sollen urteilen, nicht Medien.

Aber herrje, vielleicht lassen wir den Fokus erst einmal bei den erschütternden Erkenntnissen, wie häufig solche Übergriffe passieren!? Vielleicht setzen wir uns gesellschaftlich nun endlich mit benannten Mythen zu diesem Thema auseinander?

Die Debatte bewirkt also viel. Und löst wiederum die unglaublich ätzende Debatte darüber aus, was Männer denn nun überhaupt noch dürften.

Wie wäre es, wenn wir uns darauf verständigten, dass es darum geht, kein Arschloch zu sein?

Wie wäre, es, wenn wir uns darauf verständigten, dass man sich auch dann noch korrekt verhält, wenn die Praktikantin nach Aufforderung nachts vor dem Hotelzimmer steht?

Wie wäre es, wenn man die Erwartung hätte, dass Menschen sich anderen Menschen gegenüber so verhalten, wie man es sich für die eigenen Kinder, Freund:innen, sich selbst wünscht?

Das alles ändert aber, wie gesagt, im Grundsatz gar nichts daran, dass ich mich wahnsinnig über die Bewegung #MeToo freue. Dass ich sie für absolut wichtig, relevant und notwendig halte und überzeugt bin, dass sie nachhaltig Einfluss nehmen wird.

Ich merke, wie schwer es für mich ist, zwischen meinen Emotionen zu schreiben. Endlich ist es die wütende Frau, die sich hier in diesem Text zu Wort meldet. Endlich hat sie einen Ort dafür gefunden. Aber sie soll natürlich auch nicht die (berechtigt) ängstliche Stimme übertönen. Die, die sich bei all dem Trubel nur abwendet. Die immer mehr Angst bekommt, je lauter die Stimmen und Meinungen werden. Die immer mehr Angst vor Urteilen hat. Die sich mehr denn je denkt: Was soll ich tun? Diese Gesellschaft will es nicht sehen. Und ich kann und will es ihr nicht beibringen. Das schaffe ich nicht!

Die Gesellschaft

Es ist ein Phänomen.

Ziemlich direkt nach der Tat und unabhängig von #MeToo habe ich das Gefühl, dass es nicht nur um mich geht. Es fühlt sich an, als wäre mir etwas widerfahren, das die Gesellschaft betrifft. Daraus resultiert auch schnell das Gefühl, dass ich bei allen Weggabelungen überlege: Was brauche und möchte *ich* und was erwartet die Gesellschaft?

Warum ist das bei Vergewaltigungen so? Warum fühlt es sich an, als hätte die Gesellschaft einen Anspruch, mitzureden? Als wäre man ihr irgendetwas schuldig?

Und übrigens ist es genau dieses Gefühl, das es schwer macht, zu sprechen. Ein Anteil von »unsagbar«.

Und natürlich haben wir ein Bild davon, was wir als Einzelperson in einer Gesellschaft sein möchten. Wofür wir stehen. Je nach Engagement ist es sicher auch ein Anliegen, dass unsere Werte sich in unserem Handeln widerspiegeln.

Für mich persönlich bedeutet diese Erfahrung der Vergewaltigung, das nicht zu können. Also mich direkt öffentlich und juristisch zu wehren. Plötzlich einen Unterschied zu merken zwischen dem, was ich gesamtgesellschaftlich erwarte (von mir und sicher auch von anderen), und dem, was ich persönlich aushalten kann und möchte und vielleicht sogar brauche.

Es gibt sehr schnell diese beiden Stimmen in mir, die jeweils sehr laut sind und mich immer wieder vor schwierige Entscheidungen stellen.

Natürlich habe ich das Bild von mir als starke, unabhängige Frau, die einen Standpunkt hat, die sich äußert, abgrenzen und verteidigen kann. Die auch für andere Position beziehen würde, wenn es gefragt wäre. Und ich habe vielleicht genau deshalb immer angenommen, dass mir *so* etwas nie passieren würde.

Und auch in der Situation der Tat selbst erlebte ich, dass die erwarteten Mechanismen aussetzten. Alle Logik und Argumentation versagte. In der es mir vielleicht mehr geholfen hätte, hätte ich vorher mehr Zeit in Selbstverteidigung als in Debatten investiert.

Jedenfalls hatte ich keine Mittel. Beziehungsweise haben meine Mittel versagt. Ich konnte mich nicht verteidigen. Ich war der Situation irgendwann ausgeliefert, hatte seinem Handeln nichts mehr entgegenzusetzen.

Es ist zunächst einmal sehr schwer für mich selbst, mir das zu erklären und es auszuhalten.

Ich habe die Kontrolle verloren. Er hat sich die Kontrolle genommen. Sehr brutal und entgegen all meinen Versuchen, ihn aufzuhalten.

Was ist die Lehre dieser Nacht? Dass wir uns alle der Gefahr gewahr sein müssen? Immer und überall?

Was bedeutet mein Handeln für mein Selbstbild? Was bedeutet es, wenn ich es erzähle, meine Ängste äußere? Was denken andere darüber?

Denn tatsächlich haben ja fast alle eine Meinung zu diesem Thema. Wissen, wie man (in den allermeisten Fällen Frau) sich zu verhalten hat. So fühlt es sich jedenfalls für mich an.

Ich merke, wie ich beständig dabei bin, mich immer noch und immer wieder innerlich und nach außen zu rechtfertigen. Wie ich die Zahlen, Daten, Fakten nutze, um mein Handeln beziehungsweise mein vermeintliches Nichthandeln zu erklären.

Dabei agiere ich die ganze Zeit. Seit Jahren! Ich habe mir an keiner Stelle Entscheidungen leicht gemacht. Ich versuche lediglich, darauf zu hören, was ich aushalten kann und will. Zu dem jeweiligen Zeitpunkt. Mit dem jeweiligen Wissen. Für mich ist es wichtig, dass ich neben meinen persönlichen Empfindungen Wissen sammle. Wissen über die Themen Trauma, über Vergewaltigung, über Justiz. Aber eben auch darüber, wie unterschiedlich der Umgang damit sein kann. Da muss jede:r seinen:ihren individuellen Weg finden, der passt, der sich richtig anfühlt.

Und da sind wir wieder: Richtig wofür? Für wen?

Und manchmal ist es eben erst mal einfach wichtig, als Reaktion auf das Gesagte in den Arm genommen zu werden und dass einem jemand zuhört und einfach sagt: »Es tut mir so leid, was du erleben musstest!«

Was ist es denn, was man braucht, wenn es einem schlecht geht? Doch keine Vorschriften, keine Vorwürfe oder gut gemeinten Ratschläge. Wir wollen Verständnis und Mitgefühl und Schutz.

Soziale Einflüsse auf psychische Traumafolgen – sequenzielle Traumatisierung

Inwieweit, wie lange und wie stark psychische Beeinträchtigungen nach Gewalt auftreten, hängt mit dem sozialen und gesellschaftlichen Umfeld zusammen. Sowohl die Zeit vor als auch die Zeit nach dem traumatischen Ereignis beeinflusst die Entwicklung möglicher Folgeerscheinungen. Das hat der niederländische Psychologe Hans Keilson durch die Forschung an Überlebenden der Shoa herausgearbeitet und in seiner Theorie der sequenziellen Traumatisierung beschrieben. Ariane Brenssell, eine ehemalige Mitarbeiterin von LARA, bezieht diese Überlegungen auf sexualisierte Gewalt. Sie betont, dass auch in diesem Fall die Reaktionen des Umfelds nach der Gewalterfahrung maßgeblich zu einer Verarbeitung/Genesung oder zu Folgeschäden beitragen können. So ist gut begründbar, dass Betroffene von sexualisierter Gewalt, die dann auf Unglauben vonseiten der Polizist:innen während der Anzeige oder auch ihrer Partner:innen und Freund:innen stoßen, eher Probleme in der Verarbeitung der Gewalt haben. Wohingegen gewaltbetroffene Personen, die ein unterstützendes soziales Umfeld haben, in dem ihre Wahrnehmung geglaubt und die gewaltförmigen Verhältnisse besprochen und verstanden werden können, vermutlich weniger lange oder intensiv unter Traumafolgen wie Angst, Anspannung und Depression leiden müssen.

Demnach wirkt sich auch immer der gesellschaftliche und soziale Kontext darauf aus, wie sehr oder wie lange eine Person unter den psychischen Folgen von Gewalt leiden muss (vgl. Brenssell 2016; Keilson 1992; Mader 2019).

Noch heute scheitere ich an meinen Idealen. Noch heute wünsche ich mir mehr Mut. Wünsche mir, dass es nicht das Gefühl gäbe, mich zwischen meinem Seelenheil und dem gesellschaftlich erwarteten Verhalten entscheiden zu müssen.

Auch ich habe erst in der Konfrontation mit meiner eigenen Situation gemerkt, wie sehr Mythen und Annahmen über Vergewaltigung mein Weltbild vorher geprägt haben. Wissen wir nicht alle, dass man (frau) nachts im Park aufpassen muss?! Aber vor Übergriffen im Arbeitskontext hat mich niemals jemand gewarnt. Es ist also wichtig, einige Themen zu benennen, Bilder zu hinterfragen und auf weiterführende Literatur zu verweisen. Genau das tue ich hier.

Wenn es um die Gesellschaft geht, muss ich mir eingestehen, dass ein erheblicher Teil der möglichen Reaktionen bisher nur in meinem Kopf stattgefunden hat. Also dass ich Standpunkte, die ich lesen oder höre, mit mir selbst anfange zu diskutieren, abzuwägen, einzuordnen. Ich erlebe sie nur sehr indirekt. (Zum Glück.) Aber sie begleiten mich auf meinem Weg beständig. Und zwar sehr.

Aber das bedeutet auch, dass wir alle die Möglichkeit haben, Einfluss zu nehmen, dass wir alle etwas ändern können – im Sinne der Betroffenen – gegen die Täter:innen!

Und zwar, indem wir zulassen, dass das Thema unter uns ist. Indem wir hellhörig werden. Indem wir unangenehme Situationen, Äußerungen ansprechen, nicht unkommentiert stehenlassen. Indem wir aufhören, die Mythen zu stärken, und uns stattdessen der Realität stellen. Indem wir bestehende Strukturen, Bilder und ihre Wirkung hinterfragen und aufzeigen. Indem wir uns auch mit der Hilflosigkeit auseinandersetzen. Indem wir strukturelle, organisatorische Veränderungen fordern.

Wir können etwas verändern. Jede:r in relevanten Situationen und zusammen, indem wir miteinander sprechen.

Aber vielleicht ist es hier wie an so vielen anderen Stellen: Vielleicht ist es eine Entwicklung, die noch etwas Zeit braucht? Es gibt eine Bewegung, gibt Gesetzesänderungen. Es gibt immer mehr Menschen, die sich für das Thema, für ein Vorgehen gegen und für die Enttabuisierung von Gewalt an Frauen einsetzen.

Machen wir uns jedoch bitte auch nichts vor. Ja, es gab Gesetzesänderungen in den letzten Jahren. Zum Beispiel den Grundsatz »Nein heißt nein«, der 2016 ins Strafgesetzbuch aufgenommen worden ist. Aber das betrifft eine Forderung, die schon sehr lange im Raum steht. Und die Änderung resultiert (zumindest gefühlt) nicht aus einer nachhaltigen Erkenntnis, sondern aus der Idee eines vermeintlichen Schutzes gegen das althergebrachte Bild des »Bösen«.

Um das zu verstehen, müssen wir uns nur vor Augen führen, zu welcher Zeit diese Gesetzesänderung (endlich) umgesetzt wurde (Stichwort »Silvesterübergriffe in Köln«).

Ja, vielleicht mache ich es mir damit zu leicht. Aber der Gedanke ist da. Und wirkt sich aus.

Und während ich über diese gesellschaftlichen Aspekte schreibe, merke ich wieder, wie groß dieser Einfluss ist. Und das müssen wir uns klarmachen, um auch zu begreifen, wie groß wiederum der Einfluss unserer eigenen Haltung und unserer Äußerungen zu diesem Thema sein kann.

Wir alle können das verändern – durch Zuhören, Reflektieren und Handeln.

Das neue Sexualstrafrecht »Nein heißt nein«

Seit dem 10. November 2016 gilt das neue Sexualstrafrecht mit dem Grundsatz »Nein heißt nein«. Die große Veränderung zur Gesetzgebung davor besteht darin, dass die Strafbarkeit nicht mehr daran hängt, ob mit Gewalt *gedroht* oder diese *angewendet* wurde. Und vor allem kommt es nicht mehr darauf an, ob sich die betroffene Person gegen den Übergriff körperlich gewehrt hat oder nicht. Es reicht für die Verurteilung einer sexualisierten Gewalttat, dass die sexuelle Handlung nicht gewollt war, also gegen den erkennbaren Willen der betroffenen Person, der für den:die Täter:in auch erkennbar war, ausgeführt wurde.

Vor dieser Reform gab es viele Übergriffe, die nicht strafbar waren. So konnten beispielsweise überraschende und schnelle sexualisierte Grenzüberschreitungen oder Vergewaltigungen nicht strafrechtlich verfolgt werden, bei denen die Betroffenen sich nicht gewehrt hatten (weil sie überrumpelt worden waren). Dasselbe galt bei Übergriffen, bei denen sie zwar gesagt hatten, dass sie die sexuelle Handlung nicht möchten, sich aber aus verschiedensten Gründen körperlich dann nicht gewehrt hatten (Schockstarre, in der Vergangenheit bereits traumatisiert etc.).

Diese Gesetzesänderung ist daher ein bedeutender Schritt, der von vielen Frauenrechtsorganisationen, wie beispielsweise dem BFF (Bundesverband der Frauennotrufe und Frauenberatungsstellen), seit über 20 Jahren gefordert wurde. Dass dieser wichtige gesetzliche Schritt erst anlässlich der Kölner Silvesternacht gegangen wurde, in der es gehäuft zu sexualisierten Übergriffen und im Nachgang zu einer vielfach rassistisch geprägten Berichterstattung über »die migrantischen Täter« kam, ist bitter. Erst wenn die sexualisierte Gewalt von »den anderen« ausgeführt wird, gibt es offenbar die mediale Präsenz, die letztendlich sogar zu einer Gesetzesänderung führt, die feministische Verbände schon so lange fordern (vgl. BFF 2021).

Zudem bedeutet das neue Gesetz noch nicht, dass es nun sofort zu vielen Anzeigen und Verurteilungen kommen wird. Ein Gesetz ist schließlich nur so gut wie die Gesellschaft, in der es angewendet wird. Damit ist gemeint, dass das Gesetz nur dann umgesetzt werden kann, wenn die entsprechenden Personen, die an dem Prozess beteiligt sind, es auch als solches anerkennen und verinnerlichen. Dafür ist ein Abbau der Akzeptanz der bereits beschriebenen Vergewaltigungsmythen essenziell. Denn erst wenn mehr Polizist:innen traumainformiert handeln, mehr Anwält:innen respektvoll vor Gericht befragen und die Richter:innen im Sinne des neuen Gesetzes entscheiden – es also, kurz gesagt, eine wesentlich höhere Chance auf eine respektvolle Be- und Verhandlung und eine Verurteilung gibt –, werden verständlicherweise mehr Betroffene sich überhaupt für den Weg einer Anzeige entscheiden.

Ich spreche vor meinen Kolleg:innen

Es ist einiges geschafft. Ich habe mit meiner Chefin gesprochen, habe einen Weg für meinen Alltag gefunden, der mir Schutz bietet. Aber es ist klar, dass es gerade in Hinblick auf die berufliche Ebene so nicht weitergehen kann. Der Klinikaufenthalt hat das noch mal sehr deutlich gemacht.

Inzwischen habe ich genug Geld gespart, um ein paar Monate Auszeit zu nehmen. Die Entscheidung ist klar, das wurde in allen Beratungs- und Therapiesitzungen deutlich: Ich werde das Unternehmen verlassen und mich selbstständig machen. Damit verbunden stellt sich für mich die Frage, WIE ich das Unternehmen verlasse.

Mein Klinikaufenthalt und auch die Auszeit danach lassen sich gut mit einer Art »Burn-out-Vorbeugung« verargumentieren. Das gab es schon öfter.

Aber dann – einfach gehen? Ich kann doch nicht Kaffee und Kuchen verteilen und sagen: »Danke für die schöne Zeit, danke für zwölf Jahre, aber ich brauche jetzt etwas Neues.« Das stimmt nicht! Ich gehe, weil ich vergewaltigt wurde. Im Arbeitskontext.

Was kann und will ich sagen? Und da ist es wieder, das Thema »Sprechen«. Was kann und darf ich aussprechen? Was löst mein Sprechen aus?

Ich mache eine Reise ans andere Ende der Welt. Ich bin dort bei einer ganz wichtigen Freundin und ihrer Familie, bei der ich immer Schutz und Halt finde. Wir reden viel, das hilft, und ich bin so weit weg von allem, und irgendwie ist es dann klar: **Ich muss und ich werde sprechen!** Ich muss sagen, warum ich nach so einer langen Zeit dem Unternehmen den Rücken kehre.

Und ja, ich kann nicht die entlastende Botschaft vermitteln, dass das passiert ist und ich bei der Polizei war und der »Böse« jetzt im Gefängnis sitzt und »alles gut« ist. Der Typ arbeitet immer noch in dem Unternehmen. Und viele meiner Teammitglieder sind junge Frauen in ganz ähnlichen Projekten und Situationen, wie ich es war.

Es geht genau darum: Die Gefahr ist da. Solche Taten passieren. Und es gibt diese entlastende Information nicht.

Aber es gibt die Chance, aufbauend auf meiner Erfahrung, endlich ins Gespräch zu kommen. Es gibt die Chance, dass wir im Team Wege definieren und aufzeigen, wie mit dem Thema Sexismus und sexualisierte Gewalt umgegangen werden soll.

Außerdem: Die Gefahr wird nicht größer, nur weil ich sie ausspreche! Sondern vielleicht im Gegenteil. Nein, nicht vielleicht. Ich bin überzeugt, dass die Thematisierung, der Diskurs, das Sichtbarmachen der wesentliche Weg sind, um der Gefahr entgegenzutreten. Weil der Raum der Täter:innen dann kleiner wird. Weil es aussprechbar und besprechbar wird.

Meinen Entschluss teile ich mit einigen Menschen. Die meisten bestärken mich darin. Aus professioneller und privater Perspektive.

Aber es gibt auch eine Stimme, die sich sehr deutlich dagegenstellt. Sie ruft mich an, frühmorgens, ich stehe gerade am S-Bahnhof, und sie sagt, ich könne das auf keinen Fall machen, ich würde meine Kolleg:innen traumatisieren, und sie hätte auch mit ihrem Mann (einem Arbeitsrechtler) gesprochen, und das ginge gar nicht.

Ich fahre auf der Stelle wieder nach Hause. Bekomme kaum Luft. Mir ist schlecht. Wieder diese Symptome.

ICH traumatisiere??? Weil ich erzähle, was mir widerfahren ist?

Sie hat mit bitte *wem* gesprochen? Über mich? Wie kommt sie dazu?

Ist es falsch, zu sprechen?

Es ist Vorsicht geboten mit solchen (sicherlich irgendwie gut gemeinten) Ratschlägen!

Gut, dass ich aber eben auch so kluge und erfahrene Ratgeber:innen an meiner Seite habe, die mich bestärken und mir Mut machen, zu sprechen. Aber wie und wann und was bedeutet das dann?

Das möchte ich mit meiner Chefin besprechen, möchte – gerade auch im Hinblick auf #MeToo – ihr die Chance geben, Wege zu durchdenken, wie das Unternehmen mit möglichen weiteren Fällen umgehen will. Und ich möchte, dass wir gemeinsam überlegen, wie und wann wir es dem Team mitteilen.

Diese Weggabelung und die Entscheidung, den Pfad des Sprechens einzuschlagen, ist für mich sehr schwer, anstrengend und auch sehr relevant. Weil es bedeutet, das Thema zu öffnen. Den Elefanten theoretisch für alle sichtbar zu machen.

Bisher habe ich sehr bewusst entschieden, mit wem ich darüber spreche, hatte den Überblick, wer darum weiß. Mir ist klar, dass ich diese Kontrolle verliere, wenn ich es dem Team erzähle.

Und ein Stück weit ist genau das ja auch die Idee. Nicht ich und meine Erfahrung sollten das Thema sein, sondern die Tatsache als solche. Ich wünsche mir, dass dadurch ein Raum, eine

Möglichkeit und auch eine Notwendigkeit entsteht, mit dem Thema ganz allgemein einen Umgang zu finden.

Die bisherigen Strukturen des Unternehmens scheinen mir nur bedingt einen Schutz- und professionellen, unabhängigen Beratungsraum zu bieten. Wie vermutlich in fast allen Unternehmen der Raum und Diskurs dazu immer noch viel zu gering ist. Und das, obwohl #MeToo nun schon über ein Jahr den Diskurs prägt.

Es wird Zeit. Ganz grundsätzlich und im Speziellen gerade auch im Kontext von Beratungsdienstleistungen, wo Tagessätze für die Beratungsleistung von Mitarbeiter:innen gezahlt werden und das Abhängigkeitsverhältnis, welches daraus resultiert, aus meiner Sicht besonders diskussionswürdig ist.

Wie dieses Sprechen und damit auch Sichtbarmachen des Elefanten genau aussehen kann, überlege und bespreche ich an verschiedenen Stellen. Weil mir klar ist, dass die Tragweite groß ist. Und auch das Spektrum der möglichen Reaktionen.

Ich spreche dazu mit meiner Therapeutin und Anne Roth sehr konkret über die Worte, die ich wählen will, und das Vorgehen und auch über meine Sicherheit. Und ich bespreche es mit meiner Chefin. Wir überlegen sehr genau, wann sie den Leitungskreis informiert und wie wir im Teammeeting vorgehen könnten. Und wir kommen zur Vereinbarung, bei unserem Jahresabschlussmeeting mit dem Thema zu starten. Weil das Treffen auf anderthalb Tage angelegt ist, sehen wir die Chance, möglichen Fragen und Diskussionen einen Raum zu geben.

Es ist schwer, hier zu beschreiben, wie viel Zeit, innere Konflikte, Angst und Unsicherheit mich dieser Schritt kostet. Diesen Raum zu öffnen. All die Ängste, Sorgen, möglichen Vorwürfe zuzulassen. Das ängstigt mich unglaublich!

Es sind zu diesem Zeitpunkt schon ein paar Jahre vergangen. Jahre, in denen ich mich mit dem Thema, mit meinem Weg, meinen Gedanken, Ängsten und Sorgen auseinandergesetzt habe. Jahre in Beratung/Therapie, Jahre des Sprechens.

Mir ist wichtig, das zu betonen und zu zeigen. Alle Schritte des Sprechens waren ein unglaublicher Kraftakt. Und mein Leben besteht ja nicht nur aus diesem Thema und diesem Weg. Dieses immerwährende Abwägen aus der Zeit, die ich investiere, um mich mit diesem Thema auseinanderzusetzen, und der Zeit, die mein Alltag, die Themen der anderen Menschen um mich herum, meine Arbeit und alles, was einen sonst umgibt, brauchen – das zeigt, dass es keine schnellen Antworten geben kann, keine einfachen und allgemeingültigen Wege. Es bedeutet, für sich zu schauen, was zu welcher Zeit in welcher Intensität und in welche Richtung geht.

Ich habe diese Zeit darauf verwendet, meinen geschützten Weg zu gehen, bei mir zu sein und zu bleiben. Weil das für mich die Voraussetzung zu sein schien, um bereit zu sein für einen öffentlicheren Weg. Dafür, erklären zu können, warum ich da stehe und angekommen bin, wo ich eben bin. Weil es nur so für mich, Jana, möglich war und ist.

Mich dieser Öffnung zu stellen, hat genau diese Zeit und Unterstützung gebraucht. Und zum Glück habe ich mich davon nicht abbringen lassen, auch nicht durch sehr bestimmt klingende Gegenmeinungen.

Ich bin unglaublich aufgeregt. Meine Chefin sicherlich auch. Aber ich habe im Vorfeld alle Vorkehrungen getroffen, um bestmöglich für mich zu sorgen: Natürlich habe ich auch dieses Gespräch gut vorbereitet. Mir überlegt, was und wie ich es sagen kann. Mir immer wieder vorgesagt: *Die Wahrscheinlichkeit einer Tat steigt nicht, wenn ich spreche – im Gegenteil.* Nicht sprechen ist ein Täter:innenschutzmechanismus. Genau den will ich durchbrechen. Und ich habe mit Anne Roth und auch mit meiner Therapeutin vereinbart, dass sie erreichbar sind in dieser Zeit. Einer der Kollegen, der alles weiß, ist dabei, und wir haben abgemacht, dass er mitkommt, wenn ich rausgehen muss, wenn es mir zu viel wird.

Und dann spreche ich. Erzähle, warum ich gehe. Und es ist erst mal eine sehr angespannte und unglaublich intensive Situation.

Meine Chefin hat den Raum so vorbereitet, dass wir in einem Stuhlkreis sitzen, in der Mitte gibt es einen Gong, den man schlagen kann, wenn man etwas sagen will.

Wir leiten es gemeinsam ein, und es ist für uns beide sehr emotional.

Und letztendlich: Es ist gut und so wichtig! Weil es Vertrauen schafft. Weil mir ganz viel Verständnis und Mitgefühl entgegengebracht wird, und auch eine Empörung entsteht im Hinblick darauf, wie wenig wir gelernt haben, mit solchen Themen und Situationen umzugehen.

Ich bin allen Beteiligten sehr dankbar – für diesen Moment, für ihren Umgang in dem Augenblick und auch in den folgenden Stunden!

Danke, dass ich sprechen und mich anvertrauen durfte!

Und was mich besonders berührt: Ich habe Dankbarkeit erfahren. Dankbarkeit für meine Offenheit und den Mut, zu sprechen.

Ich weiß, dass im Nachgang einige Aktivitäten entstanden sind. Ein Training, um für den Umgang mit diesem Thema zu sensibilisieren. Eine Arbeitsgruppe, um die notwendigen Prozesse klarer zu gestalten. Beratung durch Trauma-Expert:innen. All das freut und berührt mich sehr.

Sicherlich gab es auch Unsicherheit im Nachgang. Auch mich haben einige Reaktionen (oder Nichtreaktionen) gewundert.

Es ist mir eine ganz besondere Freude, dass ich durch mein Handeln, dass ich durch das Sprechen, einen Beitrag dazu leisten konnte, dass ein Unternehmen sich dem Thema etwas zuwendet und sich der Auseinandersetzung stellt. Das war mir ein wichtiges Anliegen.

Die Macht von Institutionen

Mir ist schon vor meiner Kündigung klar, dass ich mich als freiberufliche Beraterin selbstständig machen will. Ich bin inzwischen seit neun Jahren interne Beraterin und kenne die Anforderungen an diesen Job sehr gut. Mich mit dieser Profession selbstständig zu machen, bietet mir die Möglichkeit, finanziell auf eigenen Beinen zu stehen und nicht wieder Teil einer Organisation, eines hierarchischen Systems zu werden.

Also versuche ich, mich frühzeitig darüber zu informieren, welche Schritte als Nächstes anstehen. Schon im Oktober, bevor ich zu Ende Dezember das Unternehmen verlasse. Ich rufe bei der Bundesagentur für Arbeit an, versuche, mit jemandem zu sprechen, der:die mir Tipps geben kann, die ich für diesen Schritt beachten sollte.

Fehlanzeige – ein Beratungsgespräch sei zu diesem Zeitpunkt laut der Formalitäten der Bundesagentur für Arbeit nicht abzubilden, wird mir gesagt. Das Amt sei erst zuständig, wenn ich offiziell arbeitslos sei. Also kann ich mich erst im Januar melden.

Diese Inflexibilität, die Bestimmtheit, mit der mir Wissen und Unterstützung entsagt werden, macht mich ungehalten. Weil mir der Rat natürlich Sicherheit gegeben hätte. Was mein Ziel ist, sein muss. Und letztendlich dem System auch Geld sparen würde, indem ich möglichst früh eine Idee davon entwickele, wie der bestmögliche Weg in die Selbstständigkeit aussehen und ich durch meinen Verdienst unabhängig sein könnte.

Wieder sind es Strukturen, die keinen Platz für individuelle Anliegen haben.

Natürlich ist die Ablehnung nicht persönlich gemeint – aber sie trifft mich persönlich. Und ich merke, wie dünn meine Haut ist. Wie schnell ich mich überfordert, hilflos, abgewiesen und verletzt fühle.

Das sind Gefühle, die mir immer wieder begegnen, wenn ich mich von Institutionen versetzt fühle, die doch eigentlich Hilfe anbieten sollten.

Also gut, ich melde mich im Januar wieder. Ich habe inzwischen mit einigen Bekannten/Freund:innen gesprochen, die einen ähnlichen Weg gegangen sind. Ich weiß, ich will möglichst schnell wieder unabhängig vom Amt mein Geld verdienen. Nach meinem Studium war ich direkt fest angestellt, habe entsprechend bis hierher nie irgendwelche Ansprüche geltend gemacht. Ich habe von meiner Therapeutin eine Begründung für meine Kündigung bekommen, die auch die dreimonatige Sperre für das Arbeitslosengeld I aufheben soll. Weil ich ja aus meiner Sicht nicht grundlos gekündigt habe. Das wird auch akzeptiert. Dem Sachbearbeiter liegt also alles vor.

Der Termin zur Beratung bei der Agentur für Arbeit ist aufregend für mich. Und er, in den ich so viel Hoffnung für meinen neuen Weg lege, ist ganz furchtbar! Der Berater teilt mir schnell mit, dass ich keinerlei Ansprüche habe. Mein Businessplan ist absolut ausgereift. Mir ist klar, dass ich mit meiner Ausbildung und Erfahrung keine Probleme haben würde, als Freiberuflerin zu arbeiten. Ich habe mit einem Coach alle Unterlagen für den Antrag auf die Förderung der Selbständigkeit erarbeitet. Drei Monate Arbeit. Ich erfülle alle Anforderungen der Agentur.

Ich habe alles eingereicht – und bekomme doch keine Förderung. Offenbar ist mein Geschäftsmodell zu erfolgversprechend … Absurd!

Mein »schlechtes Verhalten« aus dem Telefonat vom vergangenen Oktober sei außerdem zur Kenntnis genommen worden. »Es gibt Gesetze, Frau Baumann, und daran haben auch Sie sich zu halten, und Sie tun mir und sich selbst einen Gefallen, wenn Sie jetzt besser nichts mehr zum Thema Selbstständigkeit sagen. Der Kollege hat eh vermerkt, dass wir Ihren Antrag ablehnen sollten.«

Gemeint ist der Kollege, mit dem ich damals gesprochen habe. Und überhaupt, fährt mein Gegenüber fort, die Anforderung an die Mitarbeitenden der Agentur sei, mich wieder in ein versicherungspflichtiges Angestelltenverhältnis zu bringen.

Das ist zu der Zeit das Letzte, was ich will. Aber ich mache hier (mal wieder) nicht die Regeln.

Und da ist es wieder – keine Luft. Es ist, als würde sich der Boden unter mir auftun.

Der Kollege hat bitte was vermerkt? Und ich darf was genau nicht sagen? Haben Sie sich irgendwie mit mir, mit meiner Situation beschäftigt? Können wir vielleicht erst einmal miteinander sprechen, bevor mir Regeln und Versäumnisse um die Ohren gehauen werden?

Es gibt für mich also keinen gesetzlichen Anspruch auf die Förderung zur Existenzgründung. Verstanden. Aber muss ich mich jetzt wirklich um ein Angestelltenverhältnis bewerben?

Ja, ich muss.

Und wieder: Machtverhältnis. Klar, ich sage jetzt besser nichts mehr. Aber puh, ist es nicht genau das, wogegen ich arbeite? Beziehungsweise *wofür* ich arbeite – zu sprechen?!

Jedoch: So sind die Regeln. Also bewerbe ich mich. So absurd. Kafkaesk!!!

Natürlich geht es nicht um mich als Person, ich bin ein Aktenzeichen. Und doch hinterlässt die Entscheidung der Agentur in mir das Gefühl von Alleinsein und Alleinkämpfen.

Ich erhalte weder vom Unternehmen noch von der Bundesagentur für Arbeit irgendeine finanzielle Unterstützung für meinen neuen Berufsweg.

Sicher aus juristisch guten Gründen.

Persönlich immer wieder ein Schlag ins Gesicht und eine Hürde mehr, die es für mich zu nehmen gilt.

Ich muss und werde es allein schaffen!

Nachklapp

Ich verlasse das Unternehmen und mache mich selbstständig. Und ich erfahre, und das ist für mich mit großer Erleichterung verbunden, dass der Typ (der »Täter«) das Unternehmen mittlerweile auch verlassen hat. Warum auch immer, weiß niemand in der Firma …

Das ist ein Gewinn und auch eine große Beruhigung für mich! Er ist weg.

Aber natürlich bleibt das Thema bestehen. Natürlich ist mit ihm nicht die Gefahr gegangen und erledigt. Erst recht nicht der dringende Aufruf an Unternehmen, sich mit dem Thema zu beschäftigen und es aktiv anzusprechen!

Sein Weggang führt auch dazu, dass ich heute als freie Mitarbeiterin wieder gerne für dieses Unternehmen arbeite. Weil ich mich den Themen und sehr vielen Menschen dort nach wie vor sehr verbunden fühle.

Nachklapp II

Etwa einen Monat nachdem ich das Unternehmen verlassen habe, gehe ich in der Schaubühne Berlin zu einem Abend mit Carolin Emcke: »Ja heißt ja und …«. Ich bin nicht allein dort, eine Kollegin des Teams, das ich verlassen habe, ist mit.

Und dann sitze ich etwa zwei Jahre nach der Tat mit dieser Kollegin in der Schaubühne und spüre den Weg, den ich gegangen bin, und dass sich etwas bewegt. Und ich höre die Worte von Carolin Emcke und fühle mich so verstanden, und das tut so gut. Wie wichtig es ist, wenn andere Position beziehen! Wenn sie öffentlich aufzeigen, wie sprachlos und handlungsunfähig manche Situationen machen. Wenn sie einfach Verständnis und Solidarität aussprechen – anstelle von Forderungen.

Carolin Emcke zeigt eine deutliche und gleichzeitig sensible Position. Eine Position, die nicht urteilt, sondern versucht zu verstehen. Eine Position, die sich empfindsam zeigt und trotzdem so kraftvoll ist. Eine Position, die sich mitteilt, ohne zu predigen. Eine Position, die mir Wärme und Mut gibt. Großartig! Dieser Abend und solche Texte und Positionen sind sehr wichtig für mich.

Entscheidung für meine Form des Widerstands

Nachdem ich das Unternehmen verlassen habe und erfahre, dass der Typ ebenfalls nicht mehr dort arbeitet, stellt sich für mich erneut die Frage der Anzeige. Vielleicht ist das ein guter Zeitpunkt?! Er ist in einem neuen Kontext und ich würde auch aus einer losgelösten Position heraus agieren.

Ich bespreche diese Möglichkeit mit meiner Therapeutin, und gemeinsam überlegen wir, was das bedeuten könnte.

Ich habe mit der Klinik schon einen weiteren Aufenthalt vereinbart. Und ich sehe diesen Aufenthalt nun als Möglichkeit, mich auf den Prozess vorzubereiten und mich dafür zu stärken.

Nun gibt es im Vorfeld eine dritte Anwältin, die mir empfohlen wird. Ich vereinbare wieder einen Termin.

Obwohl einige Zeit vergangen ist und ich inzwischen recht viel Stabilität gefunden habe, merke ich auf dem Weg zu ihr, wie sich alles in mir zuschnürt. Es ist schwer, das zu beschreiben: In dem Moment verändern sich meine ganze Haltung und mein Grundgefühl. Ich fühle mich bedroht.

Und obwohl diese Anwältin eine herausragende Verteidigerin ist und sich sehr viel mit der Thematik beschäftigt – in dem Moment, in dem ich dort auf dem Stuhl sitze, bekomme ich nur schwer Luft. Fühle mich unglaublich klein, wehrlos und angegriffen.

Allein die juristisch faktische Sprache macht mir wieder einmal zu schaffen. Aber es ist mehr. Es fühlt sich für mich wieder sofort so an, als würde ICH angeklagt werden. Als würde ich mich verteidigen müssen.

Und mein Zustand verändert sich. Da sitzt leider noch immer keine erwachsene, wütende Frau. Da sitzt wieder ein verletztes, unsicheres Mädchen.

Und das ist keine adäquate Haltung.

Die Anwältin stellt mir eine sehr gute Frage: »Was wollen Sie mit dem Prozess?«

Ja, was will ich eigentlich mit dem Prozess?

Ich will aufstehen. Will mich wehren. Will der gesellschaftlichen Erwartung gerecht werden. Will, dass der Typ mit dem Thema konfrontiert wird. Will Gerechtigkeit.

Aber was ist der Preis dafür? Und gibt es eine Chance auf Gerechtigkeit?

All das Wissen, das ich in den letzten Jahren gesammelt habe, macht mich nicht zuversichtlicher – ganz im Gegenteil. Ich muss mir sehr ernsthaft überlegen, was es bedeutet, wenn der Typ freigesprochen wird. Wenn es vielleicht nicht mal zum Prozess kommt.

Und da bin ich noch nicht mal bei der Zeit, die es braucht, bis der Prozess gegebenenfalls zustande kommt. Bin noch nicht dabei, was das für meine Familie bedeuten würde, diesen Weg zu gehen. Habe noch nicht final durchgespielt, was aus meinem Leben alles einfließen würde in so einen Prozess.

Wie würde ich, wie würde mein Umfeld mit einem möglichen Freispruch oder einer sehr geringen Strafe umgehen?

Was genau bringt all das? Vor allem gerade jetzt, wo ich doch einigermaßen stabil geworden bin.

Wie wäre es, wenn ich weiter an dieser Stabilität arbeitete? Statt mich gegebenenfalls durch einen Prozess massiv zu destabilisieren?!

Wenn der Elefant endlich kleiner werden würde? Wenn ich versuchte, glücklich zu sein – weil das ja eben auch eine Form des Widerstandes ist?

Strafgerichtsprozess

Für Menschen, die (traumatische) Gewalterfahrungen gemacht haben, ist der Strafgerichtsprozess eine anstrengende, aufreibende und zum Teil schmerzvolle Erfahrung. Es bedeutet, dass jemand faktisch gezwungen ist, über die erschütternden Erlebnisse mindestens dreimal ausführlich zu sprechen und dazu willkürlich von fremden Personen befragt zu werden (bei der polizeilichen Vernehmung, im Begutachtungsprozess und vor Gericht). Deren Gesprächshaltung ist dabei in der Praxis meist kein empathisches Zuhören, sondern eher ein neutral-bürokratisches »Abfragen« der Geschehnisse beziehungsweise sogar ein kritisches Verhör, um die Schilderungen auf Lücken und Schwachstellen zu testen. Da sich Betroffene häufig selbst Schuldvorwürfe machen oder an der eigenen Wahrnehmung zweifeln, erfordert es umso mehr Mut und Willensstärke, diesen Kreuzverhören standzuhalten.

In Anlehnung an Keilsons Theorie der sequenziellen Traumatisierung spielen Gerichtsprozesse und deren Verläufe eine zentrale Rolle bei der Möglichkeit, auch schwere Gewalterlebnisse so »gut« zu verarbeiten, dass sie später nicht zu schweren psychischen Beeinträchtigungen führen (siehe Seite 137). Somit birgt der Begutachtungsprozess auch ein Risiko für eine »Retraumatisierung«, da die schreckliche Situation immer wieder nacherlebt werden muss, um dann – im negativen Fall – damit zu enden, dass die gesellschaftliche Instanz Gericht befindet, dass die Gewalterlebnisse nur erfunden seien (vgl. Mader et al.: 130 f.).

Ich bin der Anwältin und auch den anderen Anwältinnen sehr dankbar für ihre Klarheit. Für den faktischen und juristischen Blick auf die Situation. Auch wenn dieser mir nicht gefällt, er ermöglicht mir ein sinnvolles Abwägen. Sie sind genau für diese Perspektive da. Für andere Perspektiven, für verständnisvolles Beistehen, habe ich andere Ansprechpartner:innen.

Und wenn ich in meinen Körper hineinhöre, wenn ich wahrnehme, wie es mir dort, in diesem Raum, geht (und das ist immerhin das Büro einer möglichen Verteidigerin), wenn ich spüre, wie wenig Luft ich dort bekomme. Dann ist es gar nicht so schwer, festzustellen, dass ich (noch) nicht so weit bin.

Somit ist es auch gar nicht so schwierig, dem zweiten Klinikaufenthalt ein neues Label zu geben. Weg vom Trainingslager für den Prozess, hin zu einer Zeit, die mich darin stärken soll, auf mich und mein jetziges Leben zu schauen. Kraft zu sammeln für die Selbstständigkeit und das Glücklichsein.

Und so hilft mir die Mischung aus Einzel-, Körper- und Kunsttherapie auch beim zweiten Aufenthalt sehr. Die Zeit dort, um auf mich und für mich zu schauen, was ich brauche, um in meiner inneren Stabilität zu wachsen.

Jede Zeit in so einer Klinik bedeutet, sich wieder einzulassen. Es ist keine Zeit, in der man sich zurücklehnen kann. Es ist Arbeit. Aber Arbeit, die man in sich selbst, und zwar nur in sich selbst, investiert. Es bedeutet immer auch, sich in dem Klinikkontext zurechtzufinden. Es ist ein Ort der anderen Art. Alles folgt einem anderen Rhythmus. Es sind viele sehr unterschiedliche Menschen da und auch deren jeweilige Bedürfnisse und Verhalten. Dem muss man sich stellen. Es bedeutet, sich auf Neues einzulassen. Natürlich ist es beim zweiten Mal leichter, sind die Rahmenbedingungen klarer. Hat man ein Bild davon, was einen erwartet.

Und ich kann nur bestätigen, was mir schon der erste Aufenthalt gezeigt hat: Es ist ein Geschenk. Für mich bedeutet es wieder, dass ich mit großer Dankbarkeit annehme, was mir angeboten wird. Dass ich wieder spüre, wie gut es ist, einfach angenommen zu werden. Mich fallen lassen und Vertrauen haben zu können.

Und ich probiere mich wieder aus. An einem Speckstein. Einen Buddha will ich schnitzen. Einen Begleiter, der mir Ruhe vermittelt. Es werden viele Abende in der Werkstatt. Und dann ist er da. Und er staunt mit mir, wie klein der Elefant geworden ist. Natürlich ist auch er noch da. Und ganz sicher wird er das auch noch sehr lange Zeit sein. Aber mein Ziel ist es, wieder einen Weg in eine »angstfreie« Normalität zu finden. Zusammen mit dem Elefanten. Mich meinen Ängsten zu stellen. Meinen Weg zu definieren und den Mut zu entwickeln und zu halten, diesem (meinem) Weg zu folgen.

Der Elefant wird kleiner

Mit der Entscheidung, den zweiten Klinikaufenthalt nicht als »Trainingslager« für einen Prozess zu nutzen, habe ich also eine andere Entscheidung sehr bewusst getroffen.

»Glücklichsein ist auch eine Form von Widerstand.«

Weil ich nämlich nicht leiden muss. Weil ich nicht um jeden Preis kämpfen muss. Weil ich entscheiden darf, dafür zu sorgen, mich auf das Gute in meinem Leben zu konzentrieren. Endlich wieder anderen Themen in meinem Leben mehr Platz zu geben. Die Vergewaltigung hat mein Handeln, meine Überlegungen, meine Gespräche, meinen Alltag lange genug dominiert.

Ich möchte gerne wieder mehr Leichtigkeit leben. Viele Schritte dafür sind gemacht. Es darf einfacher und positiver werden.

Ich habe gekündigt. Ich habe so viel gesprochen, recherchiert, gearbeitet – an mir, an Erkenntnissen, an Möglichkeiten.

Ich habe mich selbstständig gemacht. Ich habe einen unglaublich tollen Freundeskreis. Ich habe eine so wichtige und Halt gebende Beziehung. Ich habe eine schutzgebende Familie. Es ist so viel da!

Hallo Leben! Lass uns Spaß zusammen haben! Lass uns schauen, was wir jetzt Schönes miteinander anfangen können.

Die Aufregung der Selbstständigkeit. Die Freiheit dadurch, dass der Typ nicht mehr in dem Unternehmen ist. Die Freiheit ganz grundsätzlich.

Mein Tiny-House-Projekt. Das Haus ist auf so vielen Bildern der Kunsttherapie. Mein Schutzort. Den ich mir selbst gestalte. Die Idee gibt es schon so lange, Gespräche mit dem Tischler sind längst geführt. Jetzt habe ich einen konkreten Auftrag: Arbeiten als Freiberuflerin, um mir diesen Traum zu erfüllen.

Ich fahre mit genau diesem Plan in die Klinik: auftanken und einen positiven Blick in die Zukunft gestalten. Meine Kraft spüren. Zufrieden sein mit den Schritten, die ich gemacht habe. Mich nicht zu überfordern, sondern die Freude im Alltag zu entdecken. In meinem Leben, in dem, was vorher schon da war und (zum Glück) auch nach dieser Tat ja beständig da ist.

Das meint auch mich selbst. Ich bin ja noch da. Mit all den Dingen, die ich kann, weiß, vorhabe.

Mich wieder zu spüren. Als die Jana, die ich vorher war und die ich jetzt mit meinem Elefanten bin. Denn da gibt es viele Überschneidungen, vieles, was immer noch und vielleicht sogar noch mehr da ist. Nämlich das Wissen um meine eigene innere Kraft und das Wissen um ein Umfeld, das mich unterstützt und trägt. Und klar, der Elefant bleibt. Aber er darf kleiner werden. Er darf auch in meine Jackentasche passen.

Das fühlt sich gut an. Es ist eine große Last, die wegfällt, wenn ich mich jetzt genau dafür entscheide. Und das schließt doch nicht aus, sich irgendwann noch mal anders zu entscheiden. Ich habe 20 Jahre Zeit, die Tat anzuzeigen. Ob ich die Zeit nutze, was in zwei, fünf, sieben Jahren ist, oder nicht, steht auf einem ganz anderen Blatt geschrieben. Aber zum jetzigen Zeitpunkt ist es genau das:

Ich kann und darf mich dafür entscheiden, glücklich zu sein!

Und es gelingt mir. Es gelingt mir, nach vorn zu schauen. Mich auf das, was da ist, zu konzentrieren.

Damit ist das Thema nicht weg. Kann es nicht sein. Es begegnet mir immer wieder – direkt und indirekt. Aber ich habe gerade kein konkretes To-do. Außer diesem Text.

Ich besitze erst mal alle Informationen und auch Erfahrungen mit mir selbst, mit meinen Reaktionen, um zu wissen, was ich Stand jetzt kann und nicht kann.

Glücklich sein kann ich. Will ich. Ich möchte wieder mehr Platz haben und schaffen in meinem Leben für andere Dinge!

Und das verändert meine Haltung. Raus aus dem Ducken, hin zu einem aufrechten Gehen. Kopf nach oben und wieder mehr Blick für das Schöne, das mich umgibt.

Viele Lieder haben mich auch begleitet auf dem Weg und in den letzten Jahren. Auch sie waren Kraft und Sinngeber. Und vielleicht manchmal nur ein Grund, zu tanzen.

Das habe ich gelernt, das kann ich. Genießen, Freude an kleinen und großen Erlebnissen haben. Und ich habe ein tolles Umfeld, Beratung, Therapie, die mich darin unterstützen. Projekte und Reisen mit Freund:innen, um an unterschiedlichen Orten der Welt wieder zu spüren, was wichtig ist und was mich erfüllt. Und ich mache es: Ich lasse mir ein Häuschen auf Rädern bauen. Das bedeutet natürlich Druck, was die Finanzierung angeht. Es bedeutet aber auch, an und für etwas sehr Konkretes für mich, für mein Leben zu arbeiten.

Sich immer wieder des Halts des Umfelds klar werden. Diese Menschen können und wollen viel mehr tragen, als ich gedacht habe. Weil es bedeutet, Unterstützung sein zu können. Es ist das, was sie tun können. Mich annehmen, zu mir stehen. Mit mir lachen, weinen, tanzen, zweifeln, denken, schimpfen – einfach da sein. Unverändert.

Und das ist so viel! Mehr braucht es gar nicht.

Danke. An dieser Stelle ein sehr wichtiges und ernst gemeintes, von Herzen: Danke! Der ganze Weg wäre ohne diese Menschen nicht möglich gewesen.

Und damit ist die Reise nicht abgeschlossen. Dieser Text, das Sprechen, dem Ganzen am Ende einen »produktiven« vs. »zerstörerischen« Platz in meinem Leben zu geben, ist Teil des Weges.

Ich bin immer noch auf dem Weg. Aber der Elefant und ich, wir kennen uns inzwischen einigermaßen. Wir sind auf eine seltsame Weise ein Team geworden. Vielleicht ein Team, das jetzt loszieht und anderen von seinen Erfahrungen berichtet, sie ermuntern und ermutigen kann für ihren eigenen Weg.

Der Prozess des Schreibens

Als ich mich näher mit dem Gedanken beschäftige, dieses Buch zu schreiben, ist für mich schnell klar: Das schaffe ich nicht nebenbei. Dafür brauche ich einen Ort und eine bewusste, dafür ausgewählte Zeit.

Die Entscheidung, wann und wo, ist in Folge für mich relativ schnell klar. Ich kenne ein Hotel an der Ostsee, einen Ort, der mir vertraut ist, der (durch die Rezeption und Menschen um mich herum) einen gewissen Schutz bietet. Dorthin werde ich fahren und mir die Zeit nehmen, mich auf diesen Prozess einzulassen.

Dann buche ich die erste Woche und komme an und fange direkt am ersten Abend an zu schreiben. Das ist interessant. Ich habe noch nie zuvor geschrieben, also kein Buch oder Ähnliches. Habe mich auch nicht mit Theorien über Schreiben beschäftigt, sondern fange einfach an.

Und ich schreibe die halbe Nacht. Öffne das Worddokument, gebe ihm einen Namen und fange an, meine Geschichte aufzuschreiben. Es ist ja alles da. Es ist alles in meinem Kopf. Ich muss es nur »rauslassen«.

Ich habe mir das Zimmer für sieben Tage gebucht, bewusst an diesem Ort, an dem ich für mich bin und meinem Rhythmus folgen kann. Meinem Rhythmus des Schreibens und auch der Pausen, des Wachseins und des Schlafens, des Recherchierens und des Sich-Abwendens vom Thema. Aufs Meer schauen, spazieren gehen, den Wind und die Luft bewusst wahrnehmen und ein- und ausatmen.

Das funktioniert erstaunlich gut. Auch dieses eher impulsive Konzept geht auf. Die ersten beiden Aufenthalte sind unglaublich produktiv.

Spätestens beim dritten Aufenthalt – mit dem verbunden auch die Idee aufkommt, dass ich das »Kinderthema« aufnehme – wird es schwerer. Plötzlich bin ich mit Emotionen konfrontiert, die ich lange Zeit gar nicht zugelassen habe. Die vielleicht in dem Funktionieren in all der Zeit gar keinen Platz hatten.

Da wird mir plötzlich auf einer ganz anderen Ebene noch einmal klar, dass dieses Schreiben auch ein wichtiger Prozess nur für mich ist. Dass hier ein Raum entsteht, in dem ich eine Zeit, DIE Zeit noch mal auf eine ganz andere Weise nur mit mir und dem »Blatt Papier« vor mir reflektieren kann. Und etwas schreiben bedeutet ja auch ein Stück weit, sich zu konzentrieren: Welche Worte können es beschreiben, und welche will ich nutzen, um das zu tun?

Dieser Prozess ist auch schmerzhaft. Das ist an sich keine große Überraschung. An welchen Stellen mich die Emotionen erwischen, zum Teil aber schon. Das kommt mitunter sehr unvermittelt.

Es bedeutet natürlich an vielen Stellen ein Erinnern, ein Wieder-Eintauchen in vergangene Situationen, Fragen, Entscheidungen. Und natürlich wird dieser Prozess auch von vielen Personen begleitet, die mich vorher schon begleitet haben. Und die das aus ihrer jeweiligen Perspektive tun. Mehr oder weniger hilfreich. Mehr oder weniger bewusst.

Und auch hier heißt es wieder, auf mich zu hören. Nicht zu viel Rücksicht auf die Gefühle anderer zu nehmen und auch nicht zu viel zu erwarten. Und doch auch ganz viel zu bekommen.

Meistens besucht mich eine meiner Freundinnen für einen Tag und eine Nacht. Das ist gut. In diesen Momenten können wir Teile des Textes gemeinsam lesen, meine Gedanken reflektieren oder einfach auch über ganz andere Dinge sprechen, lachen, weinen und ins Meer hüpfen.

Ich schreibe diesen Absatz in der fünften »Schreibwoche« und zu einem Zeitpunkt, an dem der »Textrohling« einigermaßen steht.

Die letzten beiden Aufenthalte hier waren sehr emotional. Schwer. Nicht mehr so flüssig, und ich habe sehr mit mir gekämpft. Ist es richtig, zu schreiben? Wie viel will ich von mir preisgeben? Wie wird mein Umfeld damit umgehen?

Mein näheres Umfeld kennt das Vorhaben. Einige sogar den Text. Es gibt viel Zuspruch – von Freund:innen, meiner Therapeutin, Anne Roth … Und es gibt neutrale Positionen – von Menschen, die wissen, was ich hier mache, aber inhaltlich nicht einsteigen oder nachfragen. Die vielleicht einfach hoffen, dass, was auch immer ich hier tue, mir guttut. Andere verhalten sich distanziert. Scheinen fast erleichtert, wenn es eher nach einer Art Urlaub an der Ostsee klingt. Aus welchen Gründen auch immer. Ich denke, diese Gründe sind eigentlich positiv motiviert. Und trotzdem fehlt mir teilweise die Möglichkeit, mein Tun, den Grund, aus dem ich das hier mache, explizit zu besprechen.

Und da ist es wieder. Ich agiere in einem Umfeld, das jeweils auch eigene Emotionen hat. Und diese Emotionen sind auch wichtig und richtig und sollen einen Raum haben. Aber die Menschen sind eben aus ihren jeweiligen Bedürfnissen heraus getrieben, und ich muss mich dazu verhalten, Abstand dazu gewinnen, um mich auf meine Idee, mein Thema zu konzentrieren.

Also weiter meine Stimme in einem Stimmengewirr hören und sie lauter machen. Zunächst für mich. Für die Sache, die mir ein Anliegen ist.

Und doch lässt mich das, was ich wahrnehme, nicht kalt. Stellt es mich vor die Frage, ob es richtig ist, was ich hier tue.

Ich glaube auch, dass das Unsagbare hier eine Rolle spielt. Weil es schwer ist, über das Thema und damit auch über mein Buchprojekt zu sprechen.

Nach Traurigkeit und viel Unsicherheit während der beiden letzten Aufenthalte ist es diesmal mein Herz, das sich meldet. Auch ein Phänomen, das ich seit der Tat kenne. Herzrasen und Kurzatmigkeit. Und immer wieder die Sorge, ob es ein physisches Problem gibt. Ich habe in der nächsten Woche einen Termin bei einer Kardiologin. Mal sehen, was da herauskommt.

Aber heute dann in einem Telefonat beim Strandspaziergang mit einer lieben Freundin und Begleiterin des Schreibens auch noch mal ein Reflektieren der Situation: Was bringt denn vielleicht mein Herz zum Rasen? Und plötzlich viele Ideen dazu.

Ich befinde mich, wie gesagt, an einem Punkt, an dem der Text als Rohling steht. Und damit wiederum an einem Punkt, an dem ich mich frage: Was mache ich jetzt damit? Es bedeutet auch, dass ich mich einem (erneuten) Zeitpunkt der Offenbarung nähere. Und vielleicht ist das Herzrasen in diesem Kontext gar nicht so verwunderlich … Weil es die Schritte des Sichtbarmachens des Elefanten auch damals begleitet hat. Als ich mir schon einmal die Frage gestellt habe, ob und was und wie ich sprechen kann und darf. Und was das für andere und mich bedeutet.

Und das sind keine leichten Fragen. Es ist eben auch immer ganz nah an meiner Person. Es ist ein »Sich-nackig-Machen«.

Wofür tue ich das? Was kann es bedeuten, mit sich bringen – für mich, für andere?

Wieder eine große und neue Herausforderung. Ich habe keine Ahnung, wie man ein Buch schreibt, wie man es veröffentlicht, was dann damit, mit mir passiert.

Ich kann versuchen, mich zu beruhigen. Mir kognitive Brücken bauen: »Mach dir keinen Druck, es ist noch nichts entschieden. Du musst das nicht unter deinem Klarnamen machen. Da kann noch ein:e Jurist:in drüberlesen. Ein Verlag kann einschätzen, ob das interessant ist.«

Ja, klar. Aber nach welchen Kriterien? Und geht es da um mich?

Das Herzrasen geht einher mit Kurzatmigkeit. Ich ertappe mich in den letzten Tagen sehr viel bei dem Bedürfnis, tief durchzuatmen. Und auch bei Situationen, in denen mir das nicht gelingt. Unvermittelt. Wenn mein Herz plötzlich anfängt, extrem schnell zu schlagen, ich kaum sprechen kann, mich hinsetzen muss. Nach ein paar Minuten ist es dann wieder o. k.

Was will mein Körper mir sagen? Muss/will ich anderen etwas sagen? Brauche ich mehr Unterstützung? Von wem? Kann ich jetzt Konflikte riskieren?

Und dann ist doch klar, warum ich zum Teil schlecht schlafe, warum mein Körper sich äußert. Weil viel passiert, weil es viel ist. Viele Emotionen, viel Unsicherheit, viele Erwartungen (implizit oder explizit).

Viel in meinem Kopf, meinem Herzen. Weil ich doch auch nicht weiß, was richtig oder falsch ist.

Weil ich gerne stark sein möchte. Weil ich hoffe, dass der Text, das Buch, einen Beitrag leisten kann. Weil darin eine Verantwortung liegt. Mir und anderen gegenüber.

Und dann denke ich: Und genau dafür ist es da. Um eben auch meinen inneren Prozessen einen Raum zu geben. Und vielleicht ist es am Ende auch »nur« das. Und ich veröffentliche gar nichts. Sondern es ist einfach eine Zeit, ein Invest in meinen Umgang mit meinen Erfahrungen, meinem Leben.

Aber es ist interessant. Interessant, wie der Körper einfach entscheidet. Wie schon in so vielen Situationen der letzten Jahre. Das war nicht mein Kopf. Das war mein Körper, der mir Antworten an Weggabelungen gegeben hat.

Und ich versuche, ihn zu hören, zu lesen, zu verstehen, einzuordnen und einen Umgang damit zu finden.

Das ist so anstrengend! Weil wir es vielleicht auch ein Stück weit verlernt haben. Und gerade deshalb ist es so wichtig.

Und dann sitze ich da und versuche, irgendeine Anwendung, ein Tool, eine Software zu finden, in die ich das bisher Geschriebene von mir und Anne Roth einfügen und zusammenpuzzeln kann. Und ich bin heillos überfordert. Was eignet sich? Wie geht das? Alles scheint so komplex.

Oder bin ich einfach noch gar nicht so weit? Geht es gerade noch um ganz andere Fragen, und deshalb lässt sich keine Lösung finden?

Morgen habe ich Therapie. Ja, immer noch. Und immer noch ist diese Begleitung so wichtig. Wir haben einen Online-Termin, so wie in jeder »Schreibwoche«. Und das ist gut. Um Dinge für mich zu sortieren, und auch damit meine Therapeutin die Emotionen dieses Prozesses mitbekommt.

Ich möchte mir erlauben, mir Zeit zu nehmen. Möchte keinen unnötigen Druck. Möchte niemanden und am wenigsten mich selbst mit diesem Vorhaben überfordern. Vielleicht braucht es noch etwas Zeit, das für mich zu sortieren. Und vielleicht ist das auch einfach die Erkenntnis dieses Aufenthalts?!

Wie gut, das einmal aufzuschreiben …

Wo stehe ich jetzt?

Heute kann ich sagen: Ich habe alles richtig gemacht. Ich habe meinen Weg so gewählt, dass ich ganz bewusst immer versucht habe, die Auswirkungen dieser traumatischen Erfahrung so wenig wie möglich meinen Alltag bestimmen zu lassen. Und heute weiß ich, dass es ein guter Weg war – für mich. Mein Leben hat sich wieder deutlich in eine andere Richtung geändert.

Aber natürlich ist das Trauma nicht weg – nie weg gewesen. Das Leben mit dem Elefanten hat sich sehr verändert. Natürlich merke ich eine Veränderung von *mir,* in meinem Verhalten und meinen Reaktionen.

Und mit Sicherheit wird mich diese Erfahrung, der Elefant, auch immer begleiten.

Ich bin im Theater in Berlin. Es gibt keine Triggerwarnung vor dem Stück. Das irritiert mich, weil eine Vergewaltigungsszene vorkommt. Ich merke, wie ich mich anspanne, mit meinen Emotionen kämpfe, unsicher bin. Und froh bin, dass mein Mann neben mir sitzt und ich seine Hand halten kann. Wir uns anschauen, er mich fragt, ob alles o. k. sei. Das ist es dann auch schon wieder. Weil es Theater ist, weil ich nicht bedroht bin. Aber ich merke, dass manche Situationen schwer auszuhalten sind.

Ich habe früher am Sonntag oft den *Tatort* geschaut. Irgendwie ein Stück Ritual zum Wochenabschluss. Ich kann das nicht mehr. Ich kann dieser Idee von Kriminalitätsdarstellung aus vielen Gründen nicht mehr folgen. Weil ich es einfach nicht sehen kann und möchte – die Ausübung und Wirkung von Gewalt als Unterhaltungsprogramm. Und die Polizei, die darin so hingebungsvoll und bestens ausgestattet und immer mit gutem Ausgang ermittelt. Wenn ich doch weiß, dass die Realität so anders aussieht …

Meine Sinne sind wachsamer geworden. Manche würden vielleicht sagen, überempfindlich. Ich sage: Danke, diese Erfahrung hat mich auch vieles gelehrt. Ich habe so vieles gelernt in den letzten Jahren. Über mich, die Gesellschaft, über Bilder und Überzeugungen. Es ist Vorsicht geboten. Insgesamt wäre es schön, wenn wir alle ein bisschen vorsichtiger sein würden – mit unseren Behauptungen, unseren Urteilen, den vermeintlichen Erkenntnissen.

Ich versuche, diese Lehre zu nutzen. Möchte das nicht nur für dieses Thema. Möchte insgesamt mehr zuhören und verstehen.

Es gibt inzwischen viele Tage, an denen ich beim Zugfahren und im Hotel nicht mehr vorrangig damit beschäftigt bin, alle Fluchtmöglichkeiten und Anwesenden zu checken.

Aber es gibt auch die Tage, an denen ich an Orten bin, wo ich mich unsicher fühle und dann merke, dass mich eine Anspannung begleitet, die ihren Ursprung in der Angst hat, dem »Täter« zu begegnen.

Es gibt Tage, an denen ich Angst vor meiner eigenen Courage habe und mich am liebsten für einen Weg entscheiden würde, der das Thema in meinem Alltag ignoriert. An denen ich alles vergessen und loslassen möchte.

Es gibt Situationen, in denen mich Machtverhalten so wütend und hilflos gleichermaßen macht. Und wenn es nur wieder irgendwer auf dem Amt oder an der Ausfahrt eines Parkhauses ist, der meint, mir aufgrund seiner »Machtposition« erklären zu dürfen, was ich falsch gemacht und warum ich mich anders zu verhalten hätte, um sein »Wohlwollen«, also im Grunde nur eine adäquate Behandlung, zu erleben. Dann merke ich, dass mir die Tränen kommen. Dass ich nicht mehr bereit bin, das auszuhalten – und doch keinen Ausweg weiß.

Auch die Arbeit an diesem Buch bringt mich natürlich immer wieder in Kontakt mit dem, was war. Auch das spüre ich dann in der Nacht oder an den Tagen, weil mein Herz wieder rast oder ich Angst bekomme und mehrmals schaue, ob meine Zimmertür auch von innen verschlossen ist.

Und gleichzeitig hoffe ich inständig, dass dieser Weg (dieses Buch) ein weiterer Schritt der Heilung ist. Dass ich mit dem Erzählen meiner Geschichte etwas bewirken kann. Für andere Betroffene und im Hinblick auf eine aufmerksamere Gesellschaft.

Ich hoffe sehr, dass meine Arbeit an dem Thema mich so stark gemacht hat, auch die Reaktionen auf diesen Text auszuhalten. Und ich hoffe insgesamt, dass Erlebnisse und Begegnungen nicht etwas auslösen, das mich wieder zurückwirft. Das wünsche ich mir sehr.

Epilog: *Kill your darlings*

»Würden wir am Ende eines Jahres eine Schweigeminute für jede in Deutschland von ihrem (Ex-)Partner ermordete Frau halten, schwiegen wir über zwei Stunden. Gedächten wir aller Frauen, die einen Tötungsversuch überlebt haben, wären es sechs Stunden. Und würden wir für jede frauenverachtende Tat, jede erlittene Körperverletzung, Bedrohung, Beleidigung, Herabwürdigung, sexuelle Nötigung und Belästigung den Mund halten, könnten wir das Reden langfristig einstellen. Aber schweigen hilft nicht.«

Christina C. Clemm[6]

Ich bin wütend. Das ist gut!

Mit der Entwicklung dieses Textes entwickelt sich auch die Wut. Das hat gedauert. Aber sie schafft es, die Wut. Sie schafft es immer mehr, Angst und Scham beiseitezuschieben.

Es macht mich so wütend und fassungslos, wie tief verankert eine Bagatellisierung der Gewalt an Frauen ist und wie alltäglich diese Gewalt an Frauen ausgeübt wird – und die Gesellschaft schaut weg. Die Zahlen (obwohl es auch davon viel zu wenige gibt) sprechen Bände.

Alle kennen Gewaltbetroffene, niemand kennt Täter:innen. Und wenn wir vielleicht doch kurz davor sind, in der Öffentlichkeit über Täter:innen zu sprechen, gibt sich ein nicht unerheblicher Teil der Gesellschaft größte Mühe, das ganz schnell infrage zu stellen, kleinzureden, mit der Unschuldsvermutung zu kommen. Dass diese Unschuldsvermutung auch für die Frauen gilt, die ihre Geschichte erzählen, scheint dabei oft vergessen zu werden.

In diesem Kapitel möchte ich mich an die Gesellschaft wenden. An uns alle, die wir jeden Tag eine Chance haben, etwas zu verändern und zu bewirken.

In den Diskursen über sexualisierte Gewalt geht es meiner Meinung nach zu sehr darum, wie wir uns als Betroffene verhalten oder nicht verhalten haben. Und ich selbst spüre ja die Erwartungen. Merke, wie ich mich damit auseinandersetze, inwieweit ich diese Erwartungen erfüllen kann und will.

Ich bin vor Kurzem gefragt worden, was ich mit diesem Buch erreichen möchte. In einem Satz. Was ist mein Ziel?

Und ich habe versucht, es zusammenzufassen: Ich möchte mit diesem Buch die Betroffenen von sexualisierter Gewalt entlasten und die Gesellschaft belasten. Weil ich glaube, dass es das ist beziehungsweise braucht, um einen Umgang mit dem Thema sexualisierte Gewalt zu finden. Es geht um Solidarität und Engagement, und es geht darum, gewohntes Denken und die Mythen von Vergewaltigung beziehungsweise sexualisierter Gewalt zu hinterfragen. Auch wenn es unbequem ist. Wenn es wehtut. Wenn es verunsichert.

Ich habe mich lange damit auseinandergesetzt, ob ich dieses Buch unter meinem Klarnamen veröffentliche. Ich habe mich auch gefragt, auf welche Verlage ich zugehe. Und ich habe mich entschieden, es unter meinem richtigen Namen zu veröffentlichen, weil nur das mir die Chance gibt, in den Diskurs zu gehen. Ich habe mich für einen großen, nicht »per se feministischen« Verlag entschieden, weil das den Raum für den Diskurs noch vergrößern kann.

Und ich höre die Warnungen: »Willst du das wirklich? Du wirst viel Hass erfahren, viele schwierige Fragen hören und eine Art Anklage erleben«, auch weil *ich nicht* angezeigt habe (bisher).

Und da ist sie wieder, die Wut: *Ich* werde Hass erfahren? Warum? Weil ich meine Geschichte erzähle? Weil ich versuche, meinen Weg darzustellen, und das kombiniere mit dem Wissen aus der Beratung und aus recherchierten Informationen und Fakten, das aus meiner Sicht gesamtgesellschaftlich viel zu wenig vorhanden ist?

Die Auseinandersetzung mit der Frage, warum ich Hass erfahren würde, hat mich zu der Antwort geführt: weil ich etwas darstelle und ausspreche, das die Gesellschaft nicht hören will.

Weil meine Geschichte zeigt, dass jede:r Betroffene:r und alle Täter:innen sein können.

Weil ich gewohnte Muster durchbreche, und das macht Angst. Und die Reaktion auf Angst ist häufig Hass oder zumindest die Suche nach einfachen Antworten. Zurück zum Gewohnten. Aber das hilft uns nicht!

Weil es eben so ist: Sexualisierte Gewalt kann alle treffen. Zu jeder Zeit, an jedem Ort. Und Täter:innen können Menschen sein, die wir mögen, die sich in anderen Kontexten als nette Nachbar:innen, Vorgesetzte, Onkel, Tanten oder erfolgreiche Künstler:innen zeigen.

Und unser Bild eines Opfers, das wir alle über lange Zeit gelernt und verinnerlicht haben, ist ein wehrloses Wesen, jemand, der:die gefährliche Situationen unterschätzt oder sich vermeintlich nicht adäquat verhält. Der oder die also am besten auch irgendwie selbst schuld ist. Aber das stimmt nicht. Oder nur sehr bedingt. Weil wir alle eben in Situationen kommen können, in denen wir wehrlos sind oder es werden. Und je marginalisierter wir sind, je vehementer das System um uns herum uns den Raum zur Selbstbestimmung nimmt und Macht wirken kann, desto wahrscheinlicher ist es, Täter:innen zu begegnen, Gewalt zu erfahren und das Gefühl zu bekommen, sich nicht wehren zu können.

Es geht mir nicht darum, Angst zu erzeugen. Es geht mir darum, einen Beitrag für einen notwendigen Diskurs zu leisten, zu informieren und aufzuzeigen. Denn das, was ich sehr häufig erlebe, ist Unwissenheit. Und ich glaube, dass diese Unwissenheit ein Stück dazu dient, dass nicht sein kann, was nicht sein darf. Weil die Frage, die aus einer Akzeptanz und einer Erkenntnis resultierten könnte, lauten könnte: Und jetzt? Dürfen wir alle nicht mehr aus dem Haus gehen, dürfen wir nicht mehr flirten, müssen wir in beständiger Angst leben? Nein, nichts davon. Wir können uns als Gesellschaft ermächtigen und Strukturen verändern!

Ich denke, wenn wir als Gesellschaft bereit sind, die Realität anzunehmen, uns von den gelernten Mythen zu verabschieden, dann erst haben wir eine reelle Chance, etwas zu verändern und den Raum für Täter:innen zu verkleinern. Weil wir dann aufmerksamer sind. Weil wir besser zuhören und aufgerufen sind zu handeln. Und weil dieses Handeln etwas bewirken kann. Weil wir »stopp« sagen, wenn sexistische Kommentare fallen. Weil wir diese Kommentare nicht weglächeln, sondern das Wort ergreifen. Weil wir Muster erkennen und zulassen und aktiv Hilfe anbieten.

Und ich verstehe, dass das schwer ist. Aber wir gewinnen etwas. Nämlich Freiheit. Freiheit für Frauen oder weiblich geltende Personen, trans Menschen und Menschen mit Behinderungen, die sich geschützter fühlen, wenn sie wissen, dass sie nicht allein sind. Wenn sie merken, dass das Umfeld reagiert und agiert.

Es gibt viele wichtige Texte, Podcasts und überhaupt Menschen, die versuchen, das Thema zugänglich und nachvollziehbar zu machen. Es ist schwer, diese Texte zu lesen. Weil es schwer ist, die Realität auszuhalten. Aber wenn wir unsere Kinder, Nichten und Neffen, Freund:innen schützen wollen, müssen wir uns dieser Realität stellen. Hinweise zu diesen Texten finden sich im Quellenverzeichnis.

Die Verharmlosung von Gewalt an Frauen hat eine lange Geschichte. Misogynie hat eine gesellschaftliche Funktion: Sie erhält bestehende Systeme und stärkt patriarchale Strukturen.

Ich selbst bin diesen Strukturen ausgeliefert gewesen. Und deshalb ist es mir auch so wichtig, zu sprechen beziehungsweise zu schreiben.

»Es ist diese Macht, die auch darüber entscheidet, wem geglaubt wird und wem nicht, wessen Misshandlung als lustig und akzeptabel, wessen Nötigung als selbstverschuldet und harmlos, als Teil des Geschäftsmodells, als Teil der Arbeitskultur gilt. Es ist die Macht, die auch darüber entscheidet, wer sich zu sprechen traut, wer die Scham ablehnt oder die zugeschriebene Mitschuld an der Demütigung, es ist diese Macht, die auch darüber entscheidet, wem geholfen wird, für wen Schweigezirkel durchbrochen werden, welche Hautfarbe, welche Kleidung, welcher Status, welche Weiblichkeit als schützenswerter gilt als andere.

Es ist die produktive, herstellende, kreative Macht, die nicht einfach zerstört, sondern schafft, die dynamische polymorphe Macht, die Bilder und Selbstbilder entwirft, nicht einmal, sondern immer wieder, die sich nicht nur einschreibt in Körper und Gesten, sondern in Empfindungen und Überzeugungen, ins nicht-explizite Wissen, in sprachliche und nicht-sprachliche Gewohnheiten.

Das ist die Macht, die wir denken und verändern müssen.«
Carolin Emcke[7]

Mich hat der Diskurs über die öffentlichen Fälle von Männern, denen sexualisierte Gewalt nachgesagt wurde, sehr betroffen gemacht. Weil genau dort die gelernten Muster sehr sichtbar wurden. Es ist juristisch natürlich völlig richtig und auch wichtig, dass es einen Prozess braucht, um »Täter« zu verurteilen. Und für einen Prozess braucht es Anzeigen. Und für Anzeigen braucht es Betroffene, die bereit sind, diesen Weg zu gehen.

Ich war und bin es nicht. Weil ich glaube, dass es neben dem gesellschaftlichen Engagement und der Solidarität eben auch Strukturen braucht, die es den Betroffenen ermöglichen, sich zuzutrauen, diesen Weg zu gehen.

Und wenn gefragt wird: »Warum hat sie nicht angezeigt?«, dann sollten wir uns einen Moment Zeit nehmen, diese Frage wirken zu lassen.

Warum hat sie nicht angezeigt?

Der Titel dieses Kapitels, *»Kill your darlings«*, stand irgendwann für mich ganz klar fest, weil ich gemerkt habe, dass die Scheu davor immens ist, die eigenen Denkmuster zu hinterfragen, zu akzeptieren, dass es Mythen gibt, die nicht die Realität widerspiegeln. Anders hinzuhören und auch anders zu handeln. Weil es immer auch ein Stück weit bedeutet, das eigene Handeln, die eigene Familie, Fangemeinde, Freund:innen, Bekannte, Organisationen zu hinterfragen. Das Gewohnte eben.

Kontexte, in denen wir uns wohlfühlen, denen wir vertrauen, denen wir uns zugehörig fühlen, sollen plötzlich Orte sein, an denen Gewalt stattfinden kann?

Das zu begreifen, fällt schwer. Es bedeutet im Zweifel, dass wir uns neu orientieren müssen.

Das hat es für mich auch bedeutet. Und bedeutet es noch. Immer wieder.

Auch ich habe nicht die Kraft, mich zu jeder Zeit zu positionieren, mich zu wehren und Sexismus als solchen zu benennen. Das wäre zu viel. Weil es die ganze Zeit passiert. Und natürlich oft »gar nicht so gemeint ist«, wenn ein Kollege sich abfällig über Frauen und ihre Emotionen und den Zusammenhang zur Menstruation äußert. Wenn wieder jemand im Team eine Frau auffordert: »Lächele doch mal!«. Unser Impuls ist, das zu relativieren, weil er doch ein netter Typ ist und es nicht so meint …

Interessant wird es dann, wenn man sich vorstellt, eine Frau würde sich so verhalten. Würde sich über die Kleidung, Frisur, den vermeintlichen Gemütszustand eines Mannes äußern, und das in abfälliger Weise, einfach aufgrund der Tatsache, dass er ein Mann ist.

Das passiert nicht. Zumindest nicht in meiner Realität.

Gegenüber Frauen passiert das die ganze Zeit.

Und wir können uns alle fragen: Was erzählen wir unseren Enkelinnen, Nichten, Töchtern, Lebenspartnerinnen, wenn sie ausgehen, wenn sie sich in einer größeren Gemeinschaft bewegen? Was sind die Ratschläge, die wir geben, und inwieweit unterscheiden sie sich von denen, die wir Männern mitgeben?

Und warum geben wir diese Hinweise? Warum fordern wir Frauen nicht auf, laut zu sein. Warum ist eine Frau immer noch anstrengend, wenn sie sich für ihren Standpunkt einsetzt, während es bei einem Mann als durchsetzungsstark gilt?

Wir sind aufgefordert, unser eigenes Urteil zu hinterfragen.

Wir sind aufgefordert, uns für den Schutz von Frauen stark zu machen.

Weil wir als Gesellschaft in Summe davon profitieren. Weil es eben nicht darum geht, dass man nichts mehr sagen darf. Sondern darum, dass wir mehr Meinungen, mehr Perspektiven zulassen sollten als bisher.

»Wenn ich mir eine Frau vorstelle, die, wie so viele Männer es in warmen Sommernächten tun, allein durch leere Straßen schlendert, in Shorts und mit nacktem Oberkörper, das Wegbier in der Hand, dann ist mein erster Gedanke, ob sie wohl unversehrt an ihr Ziel gelangen wird. Nein, das stimmt nicht. Mein erster Gedanke ist, wann und auf welche Weise sie das erste Mal angegriffen werden wird. Bei Männern kommt mir der Gedanke nie.

Jede:r kennt das, alle Eltern, jeder:e Freund:in oder Kolleg:in hat sich schon um eine Frau gesorgt, hatte dieselben Bilder wie ich im Kopf. ›Schreib mir, wenn du gut angekommen bist.‹ Warum wird Frauen dennoch so sehr misstraut, wenn sie von sexualisierter Gewalt berichten? Warum werde sie gefragt, weshalb sie den gewalttätigen Mann nicht früher verlassen haben, warum sie überhaupt nachts unterwegs waren? Warum gibt es keinen Aufschrei, wenn eine Frau nachts in der U-Bahn rassistisch oder sexistisch beleidigt wird? Warum liegt der Fokus auf der Errichtung neuer Frauenhäuser und Hilfsangebote für gewaltbetroffene Frauen statt darauf, endlich wirksame Maßnahmen zu entwickeln, um Täter von ihren Handlungen abzuhalten?«

Christina Clemm[8]

Ich möchte niemandem seinen Musikgeschmack, seine Lieblingsfilme, seine Idole verbieten. Übrigens geht es insgesamt nicht um Verbote. Es geht um Akzeptanz, es geht um Konfrontation, und es geht darum, eigene Idole, eben unsere *Darlings,* zu hinterfragen. Zuzulassen, dass auch diese Menschen eine Seite haben können, die uns nicht gefällt. Dass auch diese Menschen ihre Machtposition ausnutzen.

Ich bin groß geworden mit Bill Cosby. Für mich war diese Familie der Inbegriff von Familienglück. Zuzulassen, zu begreifen und zu akzeptieren, dass gerade dieser Mann seine Macht ausgenutzt und Frauen missbraucht hat, ist mir nicht leichtgefallen. Aber es ist so. Und erfreulicherweise hat hier ein Gericht den Klägerinnen geglaubt und er ist verurteilt worden. Auch wenn am Ende seine Verurteilung wieder aufgehoben wurde, dürfte sein Fall als erste Verurteilung eines prominenten Beschuldigten nach Beginn der #MeToo-Bewegung gelten.

Und es gibt noch so viel mehr Beispiele …

Ich habe es eingangs erwähnt. Ich entspreche in keiner Weise dem »typischen Opfer« und der »Täter« nur bedingt dem gesellschaftlich anerkannten Tätertypus. Und doch hat die Tat stattgefunden. Und reiht sich ein.

Ich habe mich bisher gegen Justiz entschieden. Weil ich mir auf diesem Weg meine Selbstbestimmung erhalte. Ich spreche. So lange und so viel ich will. Das geht vor Gericht nicht. Da machen andere die Regeln.

Und apropos Regeln und Macht und die Möglichkeiten, den Diskurs zu bestimmen. Das Thema Rammstein, Till Lindemann und alles, was daran hängt und auch an anderen prominenten Fällen und dem Umgang damit: Wundert sich tatsächlich jemand, dass die Frauen nicht angezeigt haben? Wundert sich jemand, dass junge Frauen, im Grunde noch Mädchen, sich nach direkter Androhung von juristischen Prozessen, die ihnen bei Aussagen drohen, nicht getraut haben zu sprechen? Haben sich all die Kritiker:innen mal damit beschäftigt, was so ein Prozess kosten und bedeuten kann?

Und sind die Leute, die einerseits immer auf die Urteile von Gerichten pochen, so wenig in der Lage, einen Freispruch (der leider übrigens oft weniger auf der Basis von Tatsachen als aufgrund von Mangel an Beweisen ausgesprochen wird) davon zu unterscheiden, dass hier ein Verfahren einfach fallen gelassen wurde? Eben möglicherweise, weil die Frauen nach all den medial prominent platzierten Drohungen der gegenseitigen Anwaltskanzlei nicht den Mut hatten, zur Polizei zu gehen?

Machen wir es uns und damit möglichen Täter:innen tatsächlich so leicht? Warum???

Welchen vermeintlichen Profit sollen die jungen Frauen daraus ziehen? Das, was ihnen bei einer Positionierung im Nachgang vor allem begegnet, ist Hass. Sie haben keinerlei Vorteil dadurch. Sie versuchen lediglich, zu warnen. Und wir sollten zuhören, wir sollten reagieren auf solche Aussagen. Weil damit Gefahr gemindert werden kann.

Als Betroffene machen mir genau solche Mechanismen Angst. Weil Fälle wie der von Till Lindemann parademäßig eine (vermeintliche) Täter-Opfer-Umkehr aufzeigen, die zum Teil durch die Medien noch unterstützt wird.

Und natürlich ist es wichtig, an dieser Stelle zu sagen: Es gibt nicht »die Medien«. Es gibt auch ganz viel fantastischen Journalismus, der genau denjenigen eine Stimme gibt, denen es schwerfällt, zu sprechen. Aber es gibt eben leider auch sehr viele Medien, die unüberlegt titeln und urteilen und damit das System stärken, das Frauen in Gefahr bringt und still werden lässt.

PS: Was mir noch wichtig ist

Ich habe es an anderer Stelle bereits erwähnt. Ich schreibe und spreche aus einer sehr privilegierten Situation heraus. Ich bin mir dessen bewusst. Und irgendwie ist auch das noch mal Ansporn für dieses Buch gewesen. Eben weil ich es kann, sollte und möchte ich es tun.

Und wir leben in einer Zeit, in der ich Sorge habe, dass Privilegien, die über lange Zeit von und für Frauen erkämpft wurden und die es für viele andere Menschen noch braucht, zunehmend in Gefahr sind. Je unübersichtlicher die Weltlage wird, so scheint es, desto mehr wirken Antworten, die wieder die alten Bilder von Gut und Böse und richtigem und falschem Verhalten bedienen. Und diese Bilder sind häufig zutiefst misogyn und rassistisch.

Es ist mir wichtig, an dieser Stelle des Buches noch auf Dinge aufmerksam zu machen, die mir auf meinem Weg begegnet sind und deren Betrachtung es aus meiner Sicht braucht, wenn wir wirklich wollen, dass sich die Situationen von Mädchen und Frauen nachhaltig verändert.

Und es ist spannend. Ich begleite beruflich viele Menschen, Teams, Organisationen in Veränderungsprozessen. Und mich selbst erlebe ich darin auch. Veränderung ist nicht leicht. Es bedeutet, sich auf zunächst unsicheres, ungewohntes Terrain zu begeben. Für die meisten von uns ist das mit Ängsten und Sorgen verbunden.

Das verstehe ich.

Was ich nicht verstehe: Warum gibt es offenbar eine so große Angst davor, in einer diverseren, gleichberechtigten Welt zu leben? Woher kommt der Reflex, ein binäres, patriarchales System zu schützen, welches offensichtlich Gewalt an einem Großteil unserer Bevölkerung fördert?

Wenn wir die Fragen stellen würden: Wollt ihr, dass weiterhin jeden Tag versucht wird, eine Frau aufgrund ihres Wunsches nach einem selbstbestimmten Leben zu töten? Wollt ihr, dass Frauen sich jeden Tag mit Sexismus und sexualisierten Übergriffen auseinandersetzen müssen? Wollt ihr, dass eure Frauen, Töchter, Freundinnen sich täglich mit der Angst vor Übergriffen auseinandersetzen müssen?

Dann würden wir doch alle rufen: Nein, das wollen wir nicht! Wenn wir das aber nicht wollen, dann müssen wir bereit sein, hinzuschauen, warum es dennoch so ist.

Dann müssen wir nicht vorrangig den Frauen erklären, wie sie sich zu verhalten haben, sondern den Männern. Dann müssen wir anerkennen, dass die Statistiken uns leider gerade zeigen, dass die Gewalt gegen Frauen nicht ab-, sondern zunimmt. Dann müssen wir unsere Solidarität mit den Betroffenen sichtbar machen und in unserem Handeln unsolidarisch mit den Täter:innen werden. Wir müssen hinschauen, welche Strukturen und Mechanismen, Gesetze und Regeln Gewalt fördern.

»Der gefährlichste Ort für eine Frau ist immer noch ihr eigenes Zuhause. Gefährlich ist es aber auch, wenn sie feiern geht, wenn sie auf der Arbeit oder nachts allein unterwegs ist. Wenn sie politisch aktiv, sozial engagiert ist, sich mit einem Unbekannten über eine digitale Plattform trifft oder einem alten Bekannten aus der Schulzeit begegnet. Wenn sie sehr jung oder sehr alt ist, mit Beeinträchtigungen lebt oder ohne. Frauen, die auch rassistisch diskriminiert werden, die zusätzlich LSBTI*-Feindlichkeit erleben, besonders gefährlichen Tätigkeiten nachgehen, die Sexarbeit, Begleitservice, Pflege- oder Putzdienste verrichten, müssen noch mehr darauf gefasst sein, von Männern misshandelt, ausgebeutet, vergewaltigt oder ermordet zu werden. Frauen sind gefährdet, wenn sie reich oder arm, alkoholisiert oder nüchtern sind. Wenn sie Kopftuch tragen, ein kurzes Kleid, eine Hose oder einen Sack. In Frieden und noch mehr in kriegerischen Auseinandersetzungen. Weltweit« (Clemm 2023: 17). Sagt Christina Clemm in ihrem Buch »Gegen Frauenhass«. Sie begleitet als Anwältin Frauen in Strafrechtsprozessen seit knapp 30 Jahren. Sie kennt alle Erscheinungsbilder von Gewalt gegen Frauen, und ich kann allen nur ans Herz legen, dieses Buch zu lesen, auch wenn es hart ist, zuzulassen, was sie schreibt.

»Manche Männer haben offenbar auch heute den Eindruck, der öffentliche Raum gehöre grundsätzlich ihnen, eine Frau allein unterwegs erweckt bei ihnen die Assoziation, es handle sich um ein ›leichtes Mädchen‹, das ohne männliche Begleitung und Obhut, ohne Vater oder Ehemann allen gehört und frei verfügbar ist. Und so hören auch heute Frauen Sätze wie ›Hallo, Baby, bist du noch auf der Suche nach Begleitung? So einem Arsch würde ich überall hin folgen.‹ Oder: ›He, hast du mich nicht gehört, bist du verklemmt?‹

Es sind solche oder ähnliche Szenen, die, folgt man verschiedenen Befragungen, über 90 Prozent aller Frauen in ihrem Leben erleben. Für diese Art der Belästigung wird seit einigen Jahren der Begriff ›Catcalling‹ verwendet. Catcalling steht für sexuelle Äußerungen, Gesten oder Blicke, die den Körper oder das Aussehen einer anderen Person kommentieren. Es handelt sich dabei nicht einfach um einen missglückten Flirtversuch oder das Zeigen von Interesse.

›Ey, Blondie‹ oder ›Hey, Blackie‹ ..., ›Schnecke, komm doch mal rüber‹, Kuss- und Pfeifgeräusche oder anzügliche Gesten sind keine Komplimente, sondern sie sind ein Ausagieren von Macht und Dominanz. Männer – es sind meistens Männer – demonstrieren mit Catcalling ihren Anspruch auf Frauen, auf deren Aufmerksamkeit und Beachtung.

Rund um die #MeToo-Debatten wurde immer wieder Wert daraufgelegt, zwischen Belästigung und einem tatsächlichen Gewaltakt zu unterscheiden. Grundsätzlich ist das richtig und wichtig. Allerdings besteht auch die Gefahr, dass das Problem dadurch auf pathologische Einzelfälle reduziert und dabei vergessen wird, wie unangenehm und bedrohlich auch Belästigungen sind. Die Sozialpsychologie zeigt seit Langem, dass Gewalt und Belästigungen in unserer Gesellschaft als normal betrachtet werden. Extreme Auswüchse der Gewalt gegen Frauen oder Gewaltbereitschaft haben ihre Wurzeln im ›Normalen‹, im Selbstverständlichen, und genau deshalb ist auch die anhaltende Bagatellisierung von Gewalt oder das weitverbreitete Wegsehen so gut möglich.

Eine abwertende Haltung gegenüber Frauen ist, wie unter anderem der Sozialpsychologe Rolf Pohl ausführt, eine ›normale‹ Begleiterscheinung männlicher Sozialisation, auf die dann pathologische Gewalttäter in extremer Form zurückgreifen. Die weit verbreitete und als ›normal‹ akzeptierte abwertende Sicht auf Frauen bereitet also den Nährboden für gewaltsame Übergriffe. Wie Pohl konstatiert, folgen normale und pathologische Vorgänge letztlich denselben Regeln.«

Franziska Schutzbach[9]

Warum ist es mir wichtig, hier so weit auszuholen? Weil ich merke, wie diese gelernten Muster und die Unfähigkeit, diesen etwas entgegenzusetzen, auch mich in meinem Alltag immer wieder berühren. Und weil ich dankbar bin, dass einige Menschen inzwischen Bücher veröffentlich haben, die zu diesen Mustern und gesellschaftlichen Gewordenheiten informieren, sie analysieren, hinterfragen und neue Handlungswege aufzeigen.

Und weil ich selbst oft so hilflos bin, wenn diese Muster mir begegnen. Und das, obwohl ich nach dieser drastischen Erfahrung natürlich viel sensibilisierter bin. Trotzdem überfordern mich Kommentare und Verhaltensweisen von Männern in meinem – vor allem beruflichen – Alltag. Weil ich oft sprachlos bin. Weil mir oft die Kraft fehlt, dem etwas entgegenzusetzen.

Ich spreche viel mit Freund:innen über solche Situationen. Und das ist gut. Weil wir uns wachhalten. Weil wir gemeinsam reflektieren und uns mit der Hilflosigkeit auseinandersetzen. Und uns bestärken.

Es ist so erstaunlich, wie oft es uns begegnet, dass Männer meinen, uns ungefragt ein Feedback zu unserem Verhalten und Aussehen geben zu dürfen. Ich kenne kein Beispiel, bei dem eine Frau (und hier betone ich *ungefragt)* einem männlichen Kollegen so eine Rückmeldung geben würde.

Da sagt einer in großer Runde zum Beispiel: »Jana, du Traum meiner schlaflosen Nächte, wollen wir uns jetzt noch mal zu Thema xy zusammensetzen?«

Was soll ich darauf entgegnen? Wie sehr möchte ich mich, ihn in dieser Situation exponieren? Aber es hören ja auch viele andere, die reagieren könnten. Und selbst wenn es in diesem Fall vermutlich tatsächlich nett gemeint war – es überschreitet Grenzen und normalisiert etwas, das nicht in diesen Kontext passt. Wir sind Kolleg:innen, die gemeinsam an einem Thema arbeiten. Und so sachlich wie dieser Tatbestand ist, so sachlich wünsche ich mir auch die Unterhaltung.

Im Englischen gibt es in der Traumaforschung inzwischen einen Begriff dafür, wenn Frauen sich »nett« verhalten. Es nennt sich »Fawning« und beschreibt ein Verhalten, bei dem eine Person versucht, höflich zu sein, um einen Konflikt oder Übergriff zu vermeiden.

Im Extrem ist dies neben Weglaufen *(flee)*, sich aktiv wehren *(fight)* oder dem Erstarren *(freeze)* eine weitere Strategie, eine Situation zu überstehen. Dabei übergeht die betroffene Person das eigentliche Unwohlsein in dem Moment und lächelt – nicht zustimmend, wie viele dann glauben, sondern als *Überlebensstrategie*.

Catcalling wird gerne kleingeredet. Und erklärt mit dem Grundgedanken: »Männer sind halt so«. Ich kann das nicht bestätigen. Ich kenne erfreulicherweise einige Männer, die eben nicht so sind und sich in dieser Zuschreibung auch nicht wohlfühlen. Nicht nur, weil damit Frauen in der Verantwortung für die Situation gehalten werden, sondern, weil es auch ihnen im Grunde die Selbstbestimmung und intelligentes Verhalten abspricht.

Wie vermitteln wir gesellschaftlich Wertigkeit? In einer Gesellschaft, in der Arbeit und Erfolg das Erste sind, wonach wir gefragt werden oder wovon wir berichten beim Kennenlernen, ist klar, dass als »minderwertig« gelabelte Arbeiten wie Haushalt, Pflege und Co. auch dazu führen, dass wir die Menschen, die sie ausführen, als minderwertig betrachten. Und wenn wir uns klarmachen, dass Frauen immer noch etwa 80 Prozent der

Care-Arbeit leisten, dann wirkt das ebenso auf unser Bild, das wir von Frauen haben.

Im Gegensatz zum Mann, der »das Geld nach Hause bringt« und Karriere macht. Der darf erschöpft sein. Der bekommt Anerkennung. Und Gehalt.

Eben deshalb wird der Ruf nach bezahlter Care-Arbeit lauter. Damit sie auch an Wertigkeit gewinnt. Weil viel mehr als nur Geld daran hängt.

»Allerdings kam die Auffassung, dass Vergewaltigung deshalb ein besonderes Verbrechen sei, weil dabei die ›Essenz‹ einer Frau angegriffen werde, nicht erst in den 1970er-Jahren auf, sondern lässt sich weit zurückverfolgen, wie die entgegengesetzte Überzeugung, dass Frauen nur darauf warteten, überwältigt zu werden.

Vergewaltigung ist wie kaum ein anderes Thema voller Widersprüche und Paradoxien. Doch lag dieser spezielle Widerspruch an der Vorstellung dessen, was eine ›echte‹ Vergewaltigung konstituierte und wer als ›vergewaltigbar‹ galt. Von dieser Vorstellung waren nicht nur Männer und Transmenschen ausgeschlossen, sondern auch ein großer Teil der Frauen, wenn diese beispielsweise nicht weiß waren oder in anderer Form den Normen von Weiblichkeit nicht entsprachen. Tatsächlich machte der Raub dieser Essenz sie erst zu einem ›echten‹ Opfer, dem ›echte‹ Rechte zustanden. Das bedeutete allerdings auch, dass eine Frau ohne diese Essenz schlicht keine echte Frau war.

Doch wie kam es überhaupt zu diesem Axiom, dass die Sexualität einer Frau ihre Essenz sei? (…) Um das zu verstehen, bedarf es des Konzepts der Ehre. Die abendländische Vorstellung von Ehre ist maßgeblich durch die klassische Antike geprägt, hauptsächlich Aristoteles' Nikomachische Ethik. … Die Ehre des Mannes wurde also im öffentlichen Raum verhandelt, das heißt, auf dem Schlachtfeld oder im Beruf. Entsprechend gab es ›ehrliche‹ – also ehrbare – und ›unehrliche‹ Berufe, was nichts mit ethischen Überlegungen zu tun hatte, sondern mit ihrer gesellschaftlichen Akzeptanz: Schmiede waren ehrbar, Kesselflicker nicht, etc. Die Ehre der Frau hingegen wurde in ihrem Körper verortet, in ihrer Jungfräulichkeit oder ihrem Status als ehrbare Ehefrau oder Witwe. Da ihr Platz in der Gesellschaft jedoch maßgeblich durch ihre Ehre bestimmt war, wurde dieser bei einer Vergewaltigung ebenfalls angegriffen, und damit nicht selten ihre Existenzgrundlage.«

Mithu M. Sanyal[10]

Der Diskurs über das Bild von Männlichkeit und Weiblichkeit, von Ehre und Scham, von ehrbaren und nicht ehrbaren Tätigkeiten ist fast so alt wie die Menschheit selbst. Ist es nicht erschreckend, dass wir uns nicht bedeutend weiterentwickelt zu haben scheinen? Ich behaupte, dass viele dieser Bilder noch heute in unseren Köpfen sind und wir unsere Welt, die Menschen und das Handeln darauf aufbauend werten. Und diese Bilder machen es mir auch heute noch schwer, mich von dem Thema »Scham« loszulösen. Weil Scham auch heute noch ein Gefühl ist, das Frauen maßgeblich nutzen, um ihr Empfinden nach einer Vergewaltigung zu beschreiben. Scham ist etwas, das wir lernen. Es ist ein Kulturelement. Und damit auch etwas, das wir als Gesellschaft beeinflussen und jeden Tag aktiv gestalten können.

»Dass das zentrale Problem bei einer Vergewaltigung der Raub der Ehre war, ist in dem englischen Wort *rape* – von dem Lateinischen *rapere*, von dem unser Wort ›Raub‹ kommt – noch etymologisch enthalten …«

Mithu M. Sanyal[11]

Wenn wir bereit wären, Frauen oder weiblich gelesene Personen in ihrer sexuellen Selbstbestimmung anzunehmen und uns zu lösen von veralteten Rollenbildern, dann würde das auch bedeuten, ein anderes Bild von Gewaltbetroffenen im Alltag und in Gerichtssälen zuzulassen.

Dann würde es bedeuten, dass Frauen sich sexy kleiden könnten, selbstbewusst agieren und sexuell aktiv sein könnten, ohne damit Gewalt an sich zu provozieren.

Dann würde es bedeuten, dass Frauen sich nicht schämen müssten, wenn ihnen sexualisierte Gewalt widerführe, sondern die Gesellschaft sich schämen sollte, solche Mechanismen und Verhaltensweisen von Männern nicht lautstark anzuprangern und zu verurteilen. Und Richter:innen und Polizeibeamt:innen müssten sich schämen, die die Gewaltbetroffenen immer noch fragen, wie sie denn gekleidet gewesen seien, wie ihr Sexleben im Allgemeinen so sei und warum sie so stark und selbstbewusst auftreten und weiterhin Männer daten würden, und damit andeuten, wie sich eine »gute Frau« oder eine Betroffene nach so einer Erfahrung eigentlich zu benehmen hätte.

Na ja, und von der Scham, die Männer empfinden sollten, wenn sie Frauen den Raum ihrer Selbstbestimmung nehmen, ganz zu schweigen …

»15. Keine:r ist heilig.

16. Alle sind abhängig. Manche sind abhängiger als andere.

17. Alle sind verletzlich. Manche sind verletzlicher als andere.

18. Alle können verletzen. Manche verletzen mehr als andere.

19. Auch wenn gewisse Personengruppen das eine mehr tun und das andere weniger sind: Sexualisierte Gewalt hat kein Geschlecht. Doch die strukturelle Gewalt, die sie ermöglicht, ist gegendert. Sie wird gestützt durch Rassismus, Ableismus, Klassismus, Ageismus, Adultismus, Transmisogynie, Antisemitismus,

Heterosexismus, Kapitalismus, ismus, ismus, ismus, ismus, ismus, ismus, ismus, ismus, ismus, ismus, ismus.

20. Das bedeutet: Der Kampf gegen sexualisierte Gewalt ist ein Kampf gegen jede Form von ausbeuterischen Strukturen und ein Kampf für ein selbstbestimmtes, freies, würdevolles Leben für alle.«

Laura Leupi[12]

Nachwort von Wiebke Baller

Ein Buch, eine Geschichte, ein biografischer Einblick – und jetzt?

Jedes Buch hat einen Anfang und auch ein Ende. Wir sind hier am Ende des Buches von Jana Baumann angekommen.

Biografische Bücher erzählen eine Geschichte oder erzählen nur ein paar Kapitel einer viel komplexeren Lebensgeschichte. Sie geben Einblick in das Leben anderer, in ihre Erfahrungen, ihre Gedanken, ihre Arbeit. In diesem Buch haben wir einen Einblick in das Leben einer vergewaltigten Frau bekommen.

Bei einer Vergewaltigung kommen alle destruktiven menschlichen Verhaltensweisen und skrupellosen Gewalttätigkeiten zusammen. Jede Vergewaltigung ist damit eine traumatische Erfahrung. Die Gefühle, die ein solcher sexueller Angriff auslösen kann, sind verschieden: Ohnmacht, Verzweiflung, Angst, Wut, Verwirrung, Resignation, Erniedrigung, Schock, Scham, Selbstentwertung und Schuldgefühle für das, was geschehen ist. Es folgt meist ein lähmendes Schweigen, aufgrund einerseits der gesellschaftlichen Tabuisierung und andererseits der individuellen Verdrängung als initial einzig möglicher Überlebensmodus.

Um das Erlebte zu überwinden, muss dieses Schweigen durchbrochen werden: im sozialen Umfeld, in der Beratungsstelle, in der Gewaltambulanz, in der Therapie … Jana Baumann hat das Schweigen durchbrochen. Sie hat mit ihren Freundinnen gesprochen, sich professionelle Begleitung gesucht und dieses Buch geschrieben. Sie gibt Betroffenen Mut, sich Hilfe zu suchen und der Umgebung eine Ahnung, wie wichtig es ist, zuzuhören, präsent zu bleiben und dem Ganzen Zeit zu geben.

Das Buch hat hier sein Ende gefunden. Doch ihre Geschichte ist hier nicht zu Ende. Es steht die Frage im Raum: Wie lebe ich langfristig mit einem solchen Trauma, was macht es mit mir in den vielen kleinen Situationen des Alltages?

In meine psychiatrisch-psychotherapeutische Praxis kommen viele Frauen nach Traumatisierungen. Und immer steht die Stabilisierung und Bearbeitung des Erlebten zunächst im Vordergrund. Nach dem ersten Schock und Schmerz in der Akutsituation folgt die Fassungslosigkeit darüber, was passiert ist und dass es MIR passiert ist. Es ist nicht verstehbar, dass sich die Welt einfach so weiterdreht, dass das Leben um einen herum weitergeht, als ob nichts passiert wäre, während das eigene Leben in Scherben liegt. Traumatisierte Menschen spüren mit dem Blick in die Zukunft, dass ihr bisheriges Leben so nicht mehr existiert, sich Prioritäten verschieben und der Blick auf die Gesellschaft sich verändert. Sie merken, dass sie eine neue Rolle für sich in diesem Leben finden müssen. Es folgt ein langer Weg der Stabilisierung und Integration des Traumas in das eigene Leben. Eine Lebensphase voller Zuversicht und Vertrauen ist vorbei. Es gibt eine neue Zeitrechnung »davor« und »danach«.

In diesem Buch heißt es, »der Satz, der zwischen uns steht und plötzlich alles verändert«.

Jana Baumann war VOR der Vergewaltigung in einem großen Unternehmen unbefristet angestellt, gut vernetzt, in fester Partnerschaft und aufgrund des bis dahin unerfüllten Kinderwunsches in Kinderwunschbehandlung. Sie beschreibt sich rückblickend als eine fröhliche, stabile Frau voller positiver Neugierde auf dieses Leben ohne besondere Furcht.

Heute hat sie das Unternehmen verlassen, es gab zu viele Trigger und Ängste im Arbeitskontext seit der Vergewaltigung, sie musste gehen. Sie ist in die Selbstständigkeit gegangen, es gibt keine Chefs mehr in ihrem Leben, von denen sie sich abhängig fühlt. Damit war es möglich, all ihre Kraft konstruktiv für den Aufbau ihrer Selbstständigkeit zu nutzen: Sie konnte ihr Netzwerk weiter ausbauen, ist im Beruf erfolgreich, manchmal ist es zu viel, aber sie schafft es. Es gibt neu geschaffene Inseln der Regeneration, u. a. ein kleines eignes Tiny House.

Im Alltag lauern die kleinen und großen Trigger: nachts im Dunkeln auf der Straße, lange unübersichtliche Flure oder auch eine nicht geahnte Vergewaltigungsszene auf der Bühne führen weiterhin zu plötzlich auftretenden Angstgefühlen und Panik, verbunden mit vegetativen Reaktionen wie Herzrasen und Atemnot. Doch sie hat viel gelernt, um in diesen Situationen die Ruhe wiederzufinden. Sie kann im Theatersaal bleiben und das Stück bis zu Ende anschauen.

Sie weiß auch, dass es eine neue Dünnhäutigkeit in ihrem Leben gibt, sie mehr auf sich aufpassen muss. Es gibt auch immer wieder Tage, an denen sie sich am liebsten mit ihrer Katze auf ihr Sofa verkriechen und die Decke über den Kopf ziehen möchte.

Die Partnerschaft hat zwischenzeitlich gelitten und gelernt. Es ist viel Arbeit als Paar, nach einem solchen sexuellen Gewaltverbrechen wieder in die Normalität einer Partnerschaft zurückzufinden.

Vom Kinderwunsch musste sie sich verabschieden, es gab auf dem mühsamen Weg aus dem tiefen Tal der Verzweiflung wieder zu einem Alltag mit einem angstfrei gelebten Beruf und einer stabilen Partnerschaft nicht ausreichend Raum für dieses

Thema. Erst heute wird deutlich, wie sehr das eine vom Kopf gesteuerte Entscheidung im Rahmen ihrer Überlebensstrategien war. Und erst jetzt gibt es Raum, dieses aus tiefstem Herzen auch zu betrauern.

Und doch ist auch viel innere Stärke entstanden, eine Stärke, die den Mut entwickeln konnte, dieses Buch zu schreiben.

Neben der sehr klar geschilderten eigenen biografischen Geschichte erläutert Jana Baumann wichtige Zusammenhänge im Bereich Gewalt und Trauma.

Dieses Buch ist ein Teil der persönlichen Geschichte von Jana Baumann. Aber es ist auch stellvertretend die Geschichte vieler anderer traumatisierter Frauen, die ich in den letzten 15 Jahren auf ihrem steinigen Weg begleitet habe.

Es ist ein Buch der zentralen Themen von traumatisierten und mutig kämpfenden Frauen: berufliche Unabhängigkeit, Kinderwunsch, Kinderlosigkeit, Reproduktionsmedizin, die Grenzen der Justiz, Diskriminierung und sexualisierte Gewalt. Es wird ein fester Bestandteil meiner Praxis werden.

Vielen Dank dafür,
Wiebke Baller

Danksagung

Besonderer Dank für das Erscheinen dieses Buches gilt meiner Therapeutin Wiebke Baller. Sie hat mich auf dem Weg der Entstehung nicht nur begleitet, sie hat daran auch mit sehr vielen Impulsen mitgewirkt und mir mit Rat und Tat zur Seite gestanden. Danke für den gemeinsamen Weg, die Ideen zu dem Buch und das beständige Empowern!

Die Kraft für dieses Buch wäre auch nicht entstanden ohne meine Co-Autorin Anne Roth, meinen Mann, meine Familie und meine tollen Freund:innen, die mich ermuntert, mir Halt gegeben und mich zu jeder Zeit ermutigt und unterstützt haben.

Sehr danken möchte ich sowieso für alles Hanna Irmisch – für die Kraft in meinem Leben und im Besonderen für den Weg, den sie für dieses Buch geebnet hat. Außerdem Pierrot Raschdorff und Gianna Slomka und meiner Lektorin Nina Schnackenbeck, die es mir ermöglicht haben, dieses Vorhaben umzusetzen, und mir jederzeit mit viel Zuspruch und Sensibilität begegnet sind.

Und Danke auch an meine Mutter, die mich immer ermuntert hat zu sprechen und mich mitzuteilen. DANKE!

Ich möchte außerdem all den Menschen danken, die Teil dieses Weges waren (gewollt oder ungewollt) und denen ich mich anvertrauen konnte, die mir zugehört und mich ernstgenommen haben. Nur durch diese vielen Menschen, die bereit waren, auszuhalten und mitzufühlen, bin ich heute da, wo ich bin.

Anhang

Anlaufstellen für Gewaltbetroffene

LARA e. V. (Berlin) – Fachstelle gegen sexualisierte Gewalt an Frauen*: Über unsere telefonische Hotline können Sie unter der Nummer 030 216 88 88 Montag bis Freitag von 9–18 Uhr spontan und in Krisensituationen mit unseren Mitarbeiterinnen sprechen.

Bundesverband Frauenberatungsstellen und Frauennotrufe:
www.frauen-gegen-gewalt.de
In der Rubrik »Hilfe vor Ort« gibt es eine bff-Hilfsdatenbank mit einer Übersicht der Beratungsstellen und Hilfsangebote deutschlandweit.

Hilfetelefon »Gewalt gegen Frauen«: Anrufende aus dem deutschen Telefon- und Mobilnetz erreichen das Hilfetelefon »Gewalt gegen Frauen« unter der **Nummer 116 016**. Das Beratungsangebot ist anonym, kostenfrei, barrierefrei und in 18 Fremdsprachen verfügbar.

Hilfetelefon »Sexueller Missbrauch«: Das Hilfetelefon »Sexueller Missbrauch« (0800 22 55 530) ist die Anlaufstelle für Betroffene von sexueller Gewalt in Kindheit und Jugend für Angehörige sowie Personen aus dem sozialen Umfeld von Kindern, für Fachkräfte und für alle Interessierten. Wer von sexueller Gewalt betroffen ist, sich um ein Kind oder eine:n Jugendliche:n sorgt, einen Verdacht oder ein komisches Gefühl hat oder sich unsicher ist und Fragen zum Thema stellen möchte, kann sich vertrauensvoll an das Hilfe-Telefon »Sexueller Missbrauch« wenden.

Fragen an Unternehmen

Es fehlt noch immer an hilfreichen Strukturen. Gerade auch in Unternehmen.

Hier einige Fragen an Unternehmen, die aus meiner Sicht wichtig wären zu beantworten:

- Gibt es in Ihrem Unternehmen einen aktiven Umgang mit den Themen sexuelle Belästigung oder sexualisierte Gewalt? Wie und in welcher Form findet dieser statt?
- Gibt es Vertrauenspersonen, die für solche Fragen ausgebildet sind?
- Wenn ja: Ist diese Anlaufstelle allen Mitarbeitenden bekannt? Wie wird dazu kommuniziert? Finden Auswertungen statt? Leiten sich Maßnahmen daraus ab?
- Gibt es eine aktive Kommunikation und Haltung insbesondere der Führungskräfte zu diesen Themen? Welche ist das? Ist diese abgestimmt? Teilt die Geschäftsführung diese Haltung? Wie und wann ist diese für die Mitarbeitenden erlebbar?
- Gibt es Trainings oder Maßnahmen, bei denen sich Führungskräfte und Mitarbeitende (insbesondere Auszubildende und neue Mitarbeitende) zum Umgang mit sexueller Belästigung oder sexualisierter Gewalt informieren können? Wie wird darüber informiert?

- Wer war an der Konzeption beteiligt? Wie wird die Qualität dieser Maßnahmen sichergestellt?

Quellen und weiterführende Literatur

BFF: Bundesverband Frauenberatungsstellen und Frauennotrufe (2016). Nein heißt Nein! Kampagne »Vergewaltigung verurteilen«. Verfügbar unter: https://www.frauen-gegen-gewalt.de/de/aktionen-themen/kampagnen/vergewaltigung-verurteilen/kampagne-vergewaltigung-verurteilen.html [letzter Abruf 14.07.2024]

BFF: Bundesverband Frauenberatungsstellen und Frauennotrufe (2021). Gefährdungen von 5 Jahre Nein heißt Nein – Erfolge und Grenzen der Reform des Sexualstrafrechts – Dokumentation des Kongresses am 9.11.2021. Verfügbar unter: https://www.frauen-gegen-gewalt.de/de/dokumentation-von-fachtagungen/id-5_jahre_nein_hei%C3%9Ft_nein_erfolge_und_grenzen_der_reform_des_sexualstrafrechts.html [letzter Abruf 14.07.2024]

Bourke, Joanna, Rape. *A history from 1860 to the present*, Virago 2007.

Brenssell, Ariane: »Traumaverstehen«. In: Brenssell, Ariane/Weber, Klaus (Hg.): Störungen. Texte kritischer Psychologie 4. Hamburg 2016. S. 123-150.

Brownmiller, Susan: *Gegen unseren Willen – Vergewaltigung und Männerherrschaft*, Fischer 1991.

Clemm, Christina: *Gegen Frauenhass*, Hanser 2023.

Clemm, Christina: *AktenEinsicht – Geschichten von Frauen und Gewalt*, Kunstmann 2020.

Dijkstra, Bram: *Das Böse ist eine Frau. Männliche Gewaltphantasien und die Angst vor weiblicher Sexualität*, Rowohlt 1999.

Drepper, Daniel Lena Kampf: *Row Zero*, Eichborn 2024.

Emcke, Carolin: *Ja heißt ja und …:* S.Fischer 2019

European Sourcebook of Crime and Criminal Justice Statistics, 2010 zit. nach Krahé 2012.

Edition F: Beitrag über eine Vergewaltigung von Sophia Hoffmann https://editionf.com/ich-bin-vergewaltigt-worden-warum-ich-nicht-laenger-schweige/ [letzter Abruf 18.7.2024]

Hedayati, Asha: *Die stille Gewalt – Wie der Staat Frauen allein lässt*, Rowohlt 2023

Howard, Karen in Susan Brownmiller: *Gegen unseren Willen – Vergewaltigung und Männerherrschaft*, S. Fischer 1991, S. 8.

Jaspers, Lisa (Hrsg.); Ryland, Naomi (Hrsg.); Horch, Silvie (Hrsg.): *Unlearn patriarchy*, Ullstein 2023.

Keilson, H., & Sarphatie, H. R.: *Sequential traumatization in children: A clinical and statistical follow-up study on the fate of the Jewish war orphans in the Netherlands.* (Y. Bearne, H. Coleman & D. Winter, Trans.). Jerusalem: Magnes Press 1992.

Kiyak, Mely: »Frausein«, Hanser 2021.

Krahé, Barbara; Temkin, Jennifer; Bieneck, Steffen; Berger, Anja: Prospective lawyers' rape stereotypes and schematic decision making about rape cases, in: Psychology, Crime & Law 2008, 461–479. Verfügbar unter:https://digitalcommons.pace.edu/cgi/viewcontent.cgi?referer=&httpsredir=1&article=1076&context=plr [letzter Abruf 14.07.2024]

Landsteiner, Anika: *SORRY NOT SORRY – Über weibliche Scham*, Rowohlt Polaris 224.

Lavoyer, Agota: *JEDE_FRAU – Über eine Gesellschaft, die sexualisierte Gewalt verharmlost und normalisiert*, YES 2024.

LesMigras: ...nicht so greifbar und doch real. Eine quantitative und qualitative Studie zu Gewalt- und (Mehrfach-)Diskriminierungserfahrungen von lesbischen, bisexuellen Frauen und Trans* in Deutschland. Berlin:LesMigras. Verfügbar unter: https://www.antidiskriminierungsstelle.de/SharedDocs/downloads/DE/publikationen/Expertisen/studie_zur_anti_gewalt_kampagne_lesmigras.pdf?__blob=publicationFile&v=2 [letzter Abruf 14.07.2024]

Leupi, Laura, *Das Alphabet der sexualisierten Gewalt*, MÄRZ 2024.

Lorde, Audre: *Sister Outsider – Nicht Unterschiede lähmen uns, sondern Schweigen*, btb 2023.

Mader, Schmechel, Kawalska & Steinweg: *Gegendiagnose*. edition assemblage 2019.

Presseerklärung kfN/Pfeiffer von 2014 ist online nicht mehr abrufbar. Zitiert wird sie unter anderem unter: https://www.bundesgerichtshof.de/SharedDocs/Downloads/DE/Bibliothek/Gesetzesmaterialien/18_wp/StrAendG_Verb_Schutz_sexuellen_Selbstbestimmung/stellung_brak_refe.pdf?__blob=publicationFile&v=1[letzter Abruf 14.07.2024]

Seith, Corinna; Lovett, Joanna; Kelly, Liz: Unterschiedliche Systeme, ähnliche Resultate? Strafverfolgung von Vergewaltigung in elf europäischen Ländern. Länderbericht Deutschland. Verfügbar unter: https://www.frauen-gegen-gewalt.de/de/dokumentation-von-fachtagungen.html?file=files/userdata/veroeffentlichungen/studien-dokus/2010/bff_2010_Streitsache_Sexualdelikte_Zahlen_und_Fakten_b.pdf [letzter Abruf 18.7.2024]

Sanyal, Mithu: *Vergewaltigung. Aspekte eines Verbrechens*, Nautilus Flugschrift 2016.

Schröttle, Monika; Müller, Ursula (2004): Lebenssituation, Sicherheit und Gesundheit von Frauen in Deutschland. Eine repräsentative Untersuchung zu Gewalt gegen Frauen in Deutschland. Im Auftrag des Bundesministeriums für Familie, Senioren, Frauen und Jugend. Berlin. Verfügbar unter: https://www.bmfsfj.de/bmfsfj/studie-lebenssituation-sicherheit-und-gesundheit-von-frauen-in-deutschland-80694 [letzter Abruf 14.07.2024]

Schutzbach, Franziska: »Wider die weibliche Verfügbarkeit - die Erschöpfung der Frauen«, Droemer 2021.

Shaw, Julia: Das *trügerische Gedächtnis*. München: Hanser 2016.

Spangenberg, Ellen: *Dem Leben wieder trauen: Traumaheilung nach sexueller Gewalt*, Patmos 2011.

Steller, Max: Nichts als die Wahrheit?: *Warum jeder unschuldig verurteilt werden kann*. Heyne 2015.

Stokowski, Margarete: *Untenrum frei*, Rowohlt 2016.
Stokowski, Margarete: *Die letzten Tage des Patriachats*, Rowohlt 2018

Volbert, Renate 2010: Aussagepsychologische Begutachtung. In: Renate Volbert/Klaus-Peter Dahle (Hg.): *Forensisch-psychologische Diagnostik im Strafverfahren*, Hogrefe 2010 (S. 18–66).

Anmerkungen

1 Sekundäre Viktimisierung umschreibt in Abgrenzung zur primären Viktimisierung (Schädigungen durch die Straftat selbst) die Wiederholung der Opferwerdung durch das Verhalten des sozialen Umfeldes oder der Vertreter:innen der offiziellen Instanzen (Ärtz:innen, Polizeibeamt:innen, Richter:innen …). In Bezug auf sexualisierte Gewalt werden Befragungstechniken der Behörden und Gerichte, aber auch die Reaktionen von Partner:innen und Freund:innen damit umschrieben, die dazu führen, dass Betroffenen Schuldvorwürfe gemacht, Folgen der Straftat bagatellisiert oder Betroffene gemieden und so vermehrt sozial isoliert werden.

2 Clemm 2020: 21.

3 Howard, in Brownmiller 1983: 8.

4 Emcke 2019: 23 f.

5 Clemm 2020: 26 f.

6 Clemm 2023: 11

7 Emcke 2019: 28.

8 Clemm 2023: 14.

9 Schutzbach 2021: 28 f.

10 Sanyal 2020: 53 f.

11 Sanyal 2020: 58.

12 Leupi 2024: 91.